KAZACHS

WOORDENSCHAT

THEMATISCHE WOORDENLIJST

NEDERLANDS
KAZACHS

De meest bruikbare woorden
Om uw woordenschat uit te breiden en
uw taalvaardigheid aan te scherpen

3000 woorden

Thematische woordenschat Nederlands-Kazachs - 3000 woorden

Door Andrey Taranov

Woordenlijsten van T&P Books zijn bedoeld om u woorden van een vreemde taal te helpen leren, onthouden, en bestudering. Dit woordenboek is ingedeeld in thema's en behandelt alle belangrijk terreinen van het dagelijkse leven, bedrijven, wetenschap, cultuur, etc.

Het proces van het leren van woorden met behulp van de op thema's gebaseerde aanpak van T&P Books biedt u de volgende voordelen:

- Correct gegroepeerde informatie is bepalend voor succes bij opeenvolgende stadia van het leren van woorden
- De beschikbaarheid van woorden die van dezelfde stam zijn maakt het mogelijk om woord-groepen te onthouden (in plaats van losse woorden)
- Kleine groepen van woorden faciliteren het proces van het aanmaken van associatieve verbin-dingen, die nodig zijn bij het consolideren van de woordenschat
- Het niveau van talenkennis kan worden ingeschat door het aantal geleerde woorden

T&P Books Publishing
www.tpbooks.com

ISBN: 978-1-78492-380-8

Dit boek is ook beschikbaar in e-boek formaat.
Gelieve www.tpbooks.com te bezoeken of de belangrijkste online boekwinkels.

KAZACHSE WOORDENSCHAT
nieuwe woorden leren

T&P Books woordenlijsten zijn bedoeld om u te helpen vreemde woorden te leren, te onthouden, en te bestuderen. De woordenschat bevat meer dan 3000 veel gebruikte woorden die thematisch geordend zijn.

- De woordenlijst bevat de meest gebruikte woorden
- Aanbevolen als aanvulling bij welke taalcursus dan ook
- Voldoet aan de behoeften van de beginnende en gevorderde student in vreemde talen
- Geschikt voor dagelijks gebruik, bestudering en zelftestactiviteiten
- Maakt het mogelijk om uw woordenschat te evalueren

Bijzondere kenmerken van de woordenschat

- De woorden zijn gerangschikt naar hun betekenis, niet volgens alfabet
- De woorden worden weergegeven in drie kolommen om bestudering en zelftesten te vergemakkelijken
- Woorden in groepen worden verdeeld in kleine blokken om het leerproces te vergemakkelijken
- De woordenschat biedt een handige en eenvoudige beschrijving van elk buitenlands woord

De woordenschat bevat 101 onderwerpen zoals:

Basisconcepten, getallen, kleuren, maanden, seizoenen, meeteenheden, kleding en accessoires, eten & voeding, restaurant, familieleden, verwanten, karakter, gevoelens, emoties, ziekten, stad, dorp, bezienswaardigheden, winkelen, geld, huis, thuis, kantoor, werken op kantoor, import & export, marketing, werk zoeken, sport, onderwijs, computer, internet, gereedschap, natuur, landen, nationaliteiten en meer ...

INHOUDSOPGAVE

UITSPRAAKGIDS

Letter	Kazachs voorbeeld	T&P fonetisch alfabet	Nederlands voorbeeld
А а	шайхана	[ɑ]	acht
Ә ә	әдебиет	[æ]	Nederlands Nedersaksisch - dät, Engels - cat
Б б	бауыр	[b]	hebben
В в	ваннамен	[v]	beloven, schrijven
Г г	әңгіме	[g]	goal, tango
Ғ ғ	ғалым	[ɣ]	Nederlands in Nederland - gaat, negen
Д д	достық	[d]	Dank u, honderd
Е е	еркек	[e]	delen, spreken
Ё ё	режиссёр	[jɔ:], [ɜ:]	yoga, Joods
Ж ж	жолдас	[ʒ]	journalist, rouge
З з	қыз	[z]	zeven, zesde
И и	ангина	[ɪ]	iemand, die
Й й	Абайла!	[j]	New York, januari
К к	келісім	[k]	kennen, kleur
Қ қ	қармақ	[q]	kennen, kleur
Л л	балалар	[l]	delen, luchter
М м	мас емес	[m]	morgen, etmaal
Н н	ынта	[n]	nemen, zonder
Ң ң	өлең	[ŋ]	optelling, jongeman
О о	қорқақ	[o], [o:]	aankomst, rood
Ө ө	өрнек	[ø]	neus, beu
П п	кенеп	[p]	parallel, koper
Р р	қарындаш	[r]	roepen, breken
С с	сырбаз	[s]	spreken, kosten
Т т	тентек	[t]	tomaat, taart
У у	жуас	[w]	twee, willen
Ұ ұ	нұсқа	[ʊ]	hoed, doe
Ү ү	үрлеу	[ju:], [ju]	jullie, aquarium
Ф ф	қол фонары	[f]	feestdag, informeren
Х х	махаббат	[h], [x]	zoals in het Schotse 'loch'
Һ һ	айдаһар	[h]	het, herhalen
Ц ц	полицейлік	[ts]	niets, plaats
Ч ч	чилилік	[tʃ]	Tsjechië, cello
Ш ш	көрші	[ʃ]	shampoo, machine
Щ щ	ащы	[ʃ]	komt dichtbij [ch] - shampoo, machine
ъ	подъезд	[ʰ]	harde teken - duidt aan dat de voorafgaande medeklinker hard wordt uitgesproken

Letter	Kazachs voorbeeld	T&P fonetisch alfabet	Nederlands voorbeeld
Ы ы	ақылды	[ı]	iemand, die
I і	үзінді	[ı]	iemand, die
ь	детальдары	[ʲ]	zachte teken - duidt aan dat de voorafgaande medeklinker zacht wordt uitgesproken
Э э	экспортшы	[e]	delen, spreken
Ю ю	компьютерші	[ju]	jullie, aquarium
Я я	жанұя	[ja]	januari, jaar

AFKORTINGEN
gebruikt in de woordenschat

Nederlandse afkortingen

mann.	-	mannelijk
vrouw.	-	vrouwelijk
mv.	-	meervoud
on.ww.	-	onovergankelijk werkwoord
ov.ww.	-	overgankelijk werkwoord
bn	-	bijvoeglijk naamwoord
bw	-	bijwoord
abn	-	als bijvoeglijk naamwoord
bijv.	-	bijvoorbeeld
enz.	-	enzovoort
wisk.	-	wiskunde
enk.	-	enkelvoud
ov.	-	over
mil.	-	militair
vn	-	voornaamwoord
telb.	-	telbaar
form.	-	formele taal
ontelb.	-	ontelbaar
inform.	-	informele taal
vw	-	voegwoord
vz	-	voorzetsel
ww	-	werkwoord

Nederlandse artikelen

de	-	gemeenschappelijk geslacht
het	-	onzijdig
de/het	-	onzijdig, gemeenschappelijk geslacht

BASISBEGRIPPEN

1. Voornaamwoorden

ik	мен	[men]
jij, je	сен	[sen]
hij, zij, het	ол	[ɔl]
wij, we	біз	[bɪz]
jullie	сендер	[sender]
zij, ze	олар	[ɔlar]

2. Begroetingen. Begroetingen

Hallo! Dag!	Сәлем!	[sælem]
Hallo!	Сәлеметсіз бе?	[sælemetsɪz be]
Goedemorgen!	Қайырлы таң!	[qɑjɪrlɪ taŋ]
Goedemiddag!	Қайырлы күн!	[qɑjɪrlɪ kyn]
Goedenavond!	Қайырлы кеш!	[qɑjɪrlɪ keʃ]
gedag zeggen (groeten)	сәлемдесу	[sælemdesw]
Hoi!	Сәлем!	[sælem]
groeten (het)	сәлем	[sælem]
verwelkomen (ww)	амандасу	[amandasw]
Hoe gaat het met u?	Қалыңыз қалай?	[qalɪŋɪz qalaj]
Hoe is het?	Қалың қалай?	[qalɪŋ qalaj]
Is er nog nieuws?	Не жаңалық бар?	[ne ʒaŋalɪq bar]
Tot ziens! (form.)	Хош болыңыз!	[hɔʃ bolɪŋɪz]
Doei!	Хош бол!	[hɔʃ bol]
Tot snel! Tot ziens!	Келесі кездескенше!	[kelesɪ kezdeskenʃæ]
Vaarwel! (inform.)	Қош!	[qɔʃ]
Vaarwel! (form.)	Сау болыңыз!	[saw bolɪŋɪz]
afscheid nemen (ww)	қоштасу	[qɔʃtasw]
Tot kijk!	Әзір!	[æzɪr]
Dank u!	Рахмет!	[rahmet]
Dank u wel!	Үлкен рахмет!	[julken rahmet]
Graag gedaan	Мархабат	[marhabat]
Geen dank!	Мархабат түк емес	[marhabat tyk emes]
Geen moeite.	Түк емес	[tyk emes]
Excuseer me, ... (inform.)	Кешір!	[keʃɪr]
Excuseer me, ... (form.)	Кешіріңіз!	[keʃɪrɪŋɪz]
excuseren (verontschuldigen)	кешіру	[keʃɪrw]
zich verontschuldigen	кешірім сұрау	[keʃɪrɪm sʊraw]
Mijn excuses.	Кешірім сұраймын	[keʃɪrɪm sʊrajmɪn]

Het spijt me!	Кешіріңіз!	[keʃiriŋiz]
vergeven (ww)	кешіру	[keʃirw]
Maakt niet uit!	Оқасы жоқ	[ɔqası ʒɔq]
alsjeblieft	өтінемін	[øtinemin]

Vergeet het niet!	Ұмытпаңызшы!	[umıtpaŋızʃı]
Natuurlijk!	Әрине!	[ærine]
Natuurlijk niet!	Әрине жоқ!	[ærine ʒɔq]
Akkoord!	Келісемін!	[kelisemin]
Zo is het genoeg!	Болды!	[bɔldı]

3. Vragen

Wie?	Кім?	[kım]
Wat?	Не?	[ne]
Waar?	Қайда?	[qajda]
Waarheen?	Қайда?	[qajda]
Waar ... vandaan?	Қайдан?	[qajdan]
Wanneer?	Қашан?	[qaʃan]
Waarom?	Неге?	[nege]
Waarom?	Неге?	[nege]

Waarvoor dan ook?	Не үшін?	[ne juʃin]
Hoe?	Қалай?	[qalaj]
Wat voor ...?	Қандай?	[qandaj]
Welk?	Нешінші?	[neʃinʃi]

Aan wie?	Кімге?	[kımge]
Over wie?	Кім туралы?	[kım twralı]
Waarover?	Не жөнінде?	[ne ʒønınde]
Met wie?	Кіммен?	[kımmen]

| Hoeveel? (telb.) | Қанша? | [qanʃa] |
| Van wie? (mann.) | Кімнің? | [kımnıŋg] |

4. Voorzetsels

met (bijv. ~ beleg)	бірге	[bırge]
zonder (~ accent)	онсыз	[ɔnsız]
naar (in de richting van)	-да, -де; -та, -те	[da], [de], [ta], [te]
over (praten ~)	туралы	[twralı]
voor (in tijd)	алдында	[aldında]
voor (aan de voorkant)	алдында	[aldında]

onder (lager dan)	астында	[astında]
boven (hoger dan)	үстінде	[justınde]
op (bovenop)	үстінде	[justınde]
van (uit, afkomstig van)	-дан, -ден; -тан, -тен	[dan], [den], [tan], [ten]
van (gemaakt van)	-дан, -ден; -тан, -тен	[dan], [den], [tan], [ten]

| over (bijv. ~ een uur) | кейін, соң | [kejın], [sɔŋ] |
| over (over de bovenkant) | кейін, соң | [kejın], [sɔŋ] |

5. Functiewoorden. Bijwoorden. Deel 1

Waar?	Қайда?	[qajda]
hier (bw)	осында	[ɔsında]
daar (bw)	онда	[ɔnda]
ergens (bw)	әлде қайда	[æʎde qajda]
nergens (bw)	еш жерде	[eʃ ʒerde]
bij ... (in de buurt)	қасында	[qasında]
bij het raam	терезеніңқасында	[terezenıŋqasında]
Waarheen?	Қайда?	[qajda]
hierheen (bw)	мұнда	[mʊnda]
daarheen (bw)	онда	[ɔnda]
hiervandaan (bw)	осы жерден	[ɔsı ʒerdeŋ]
daarvandaan (bw)	ол жақтан	[ɔl ʒaqtan]
dichtbij (bw)	жақын	[ʒaqın]
ver (bw)	алыс	[alıs]
in de buurt (van ...)	қасында	[qasında]
vlakbij (bw)	жақын	[ʒaqın]
niet ver (bw)	алыс емес	[alıs emes]
linker (bn)	сол	[sɔl]
links (bw)	сол жақтан	[sɔl ʒaqtan]
linksaf, naar links (bw)	солға	[sɔlɣa]
rechter (bn)	оң	[ɔŋ]
rechts (bw)	оң жақтан	[ɔŋ ʒaqtan]
rechtsaf, naar rechts (bw)	оңға	[ɔŋɣa]
vooraan (bw)	алдынан	[aldınan]
voorste (bn)	алдыңғы	[aldıŋɣı]
vooruit (bw)	алға	[alɣa]
achter (bw)	артынан	[artınan]
van achteren (bw)	артынан	[artınan]
achteruit (naar achteren)	кейін	[kejın]
midden (het)	орта	[ɔrta]
in het midden (bw)	ортасында	[ɔrtasında]
opzij (bw)	бір бүйірден	[bır byjırden]
overal (bw)	барлық жерде	[barlıq ʒerde]
omheen (bw)	айнала	[ajnala]
binnenuit (bw)	іштен	[ıʃten]
naar ergens (bw)	әлдеқайда	[ældeqajda]
rechtdoor (bw)	тура	[twra]
terug (bijv. ~ komen)	кері	[kerı]
ergens vandaan (bw)	қайдан болсада	[qajdan bɔlsada]
ergens vandaan (en dit geld moet ~ komen)	қайдан болсада	[qajdan bɔlsada]

ten eerste (bw)	біріншіден	[bırınʃiden]
ten tweede (bw)	екіншіден	[ekınʃiden]
ten derde (bw)	үшіншіден	[juʃinʃiden]

plotseling (bw)	кенет	[kenet]
in het begin (bw)	басында	[basında]
voor de eerste keer (bw)	алғаш	[alɣaʃ]
lang voor ... (bw)	көп бұрын ...	[køp burın]
opnieuw (bw)	жаңадан	[ʒaŋadan]
voor eeuwig (bw)	мәңгі-бақи	[mæŋgı baqı]

nooit (bw)	еш уақытта	[eʃ waqıtta]
weer (bw)	тағы	[taɣı]
nu (bw)	енді	[endı]
vaak (bw)	жиі	[ʒɪː]
toen (bw)	сол кезде	[sɔl kezde]
urgent (bw)	жедел	[ʒedel]
meestal (bw)	әдетте	[ædette]

trouwens, ... (tussen haakjes)	айтпақшы	[ajtpaqʃi]
mogelijk (bw)	мүмкін	[mymkın]
waarschijnlijk (bw)	мүмкін	[mymkın]
misschien (bw)	мүмкін	[mymkın]
trouwens (bw)	одан басқа ...	[ɔdan basqa]
daarom ...	сондықтан	[sɔndıqtan]
in weerwil van ...	қарамастан ...	[qaramastan]
dankzij ...	арқасында ...	[arqasında]

wat (vn)	не	[ne]
dat (vw)	не	[ne]
iets (vn)	осы	[ɔsı]
iets	бір нәрсе	[bır nærse]
niets (vn)	ештеңе	[eʃteŋe]

wie (~ is daar?)	кім	[kım]
iemand (een onbekende)	кейбіреу	[kejbırew]
iemand (een bepaald persoon)	біреу	[bırew]

niemand (vn)	ешкім	[eʃkım]
nergens (bw)	ешқайда	[eʃqajda]
niemands (bn)	ешкімнің	[eʃkımnıŋ]
iemands (bn)	біреудің	[bırewdıŋ]

zo (Ik ben ~ blij)	солай	[sɔlaj]
ook (evenals)	дәл осындай	[dæl ɔsındaj]
alsook (eveneens)	да, де	[da], [de]

6. Functiewoorden. Bijwoorden. Deel 2

Waarom?	Неге?	[nege]
om een bepaalde reden	неге екені белгісіз	[nege ekenı belgısız]
omdat ...	өйткені ...	[ɛjtkenı]

voor een bepaald doel	бірдеңеге	[bɪrdeŋege]
en (vw)	және	[ʒæne]
of (vw)	немесе	[nemese]
maar (vw)	бірақ	[bɪraq]
voor (vz)	үшін	[juʃɪn]
te (~ veel mensen)	тым	[tɪm]
alleen (bw)	тек қана	[tek qana]
precies (bw)	дәл	[dæl]
ongeveer (~ 10 kg)	жуық	[ʒwɪq]
omstreeks (bw)	шамамен	[ʃamamen]
bij benadering (bn)	шамасында	[ʃamasɪnda]
bijna (bw)	дерлік	[derlɪk]
rest (de)	қалғаны	[qalɣanɪ]
elk (bn)	әр	[ær]
om het even welk	әрбіреу	[ærbɪrew]
veel (grote hoeveelheid)	көп	[køp]
veel mensen	көптеген	[køptegen]
iedereen (alle personen)	бүкіл	[bykɪl]
in ruil voor ...	айырбастау ...	[ajɪrbastaw]
in ruil (bw)	орнына	[ornɪna]
met de hand (bw)	қолмен	[qolmen]
onwaarschijnlijk (bw)	күдікті	[kydɪktɪ]
waarschijnlijk (bw)	сірә	[sɪræ]
met opzet (bw)	әдейі	[ædejɪ]
toevallig (bw)	кездейсоқ	[kezdejsɔq]
zeer (bw)	өте	[øte]
bijvoorbeeld (bw)	мысалы	[mɪsalɪ]
tussen (~ twee steden)	арасында	[arasɪnda]
tussen (te midden van)	арасында	[arasɪnda]
zoveel (bw)	мұнша	[mʊnʃa]
vooral (bw)	әсіресе	[æsɪrese]

GETALLEN. DIVERSEN

7. Kardinale getallen. Deel 1

nul	нөл	[nøʌ]
een	бір	[bɪr]
twee	екі	[ekɪ]
drie	үш	[juʃ]
vier	төрт	[tørt]

vijf	бес	[bes]
zes	алты	[altɪ]
zeven	жеті	[ʒetɪ]
acht	сегіз	[segɪz]
negen	тоғыз	[tɔɣɪz]

tien	он	[ɔn]
elf	он бір	[ɔn bɪr]
twaalf	он екі	[ɔn ekɪ]
dertien	он үш	[ɔn juʃ]
veertien	он төрт	[ɔn tørt]

vijftien	он бес	[ɔn bes]
zestien	он алты	[ɔn altɪ]
zeventien	он жеті	[ɔn ʒetɪ]
achttien	он сегіз	[ɔn segɪz]
negentien	он тоғыз	[ɔn tɔɣɪz]

twintig	жиырма	[ʒɪːrma]
eenentwintig	жиырма бір	[ʒɪːrma bɪr]
tweeëntwintig	жиырма екі	[ʒɪːrma ekɪ]
drieëntwintig	жиырма үш	[ʒɪːrma juʃ]

dertig	отыз	[ɔtɪz]
eenendertig	отыз бір	[ɔtɪz bɪr]
tweeëndertig	отыз екі	[ɔtɪz ekɪ]
drieëndertig	отыз үш	[ɔtɪz juʃ]

veertig	қырық	[qɪrɪq]
eenenveertig	қырық бір	[qɪrɪq bɪr]
tweeënveertig	қырық екі	[qɪrɪq ekɪ]
drieënveertig	қырық үш	[qɪrɪq juʃ]

vijftig	елу	[ely]
eenenvijftig	елу бір	[ely bɪr]
tweeënvijftig	елу екі	[ely ekɪ]
drieënvijftig	елу үш	[ely ʊʃ]

zestig	алпыс	[alpɪs]
eenenzestig	алпыс бір	[alpɪs bɪr]

tweeënzestig	алпыс екі	[alpıs ekı]
drieënzestig	алпыс үш	[alpıs juʃ]
zeventig	жетпіс	[ʒetpıs]
eenenzeventig	жетпіс бір	[ʒetpıs bır]
tweeënzeventig	жетпіс екі	[ʒetpıs ekı]
drieënzeventig	жетпіс үш	[ʒetpıs juʃ]
tachtig	сексен	[seksen]
eenentachtig	сексен бір	[seksen bır]
tweeëntachtig	сексен екі	[seksen ekı]
drieëntachtig	сексен үш	[seksen juʃ]
negentig	тоқсан	[toqsan]
eenennegentig	тоқсан бір	[toqsan bır]
tweeënnegentig	тоқсан екі	[toqsan ekı]
drieënnegentig	тоқсан үш	[toqsan juʃ]

8. Kardinale getallen. Deel 2

honderd	жүз	[ʒyz]
tweehonderd	екі жүз	[ekı ʒyz]
driehonderd	үш жүз	[juʃ ʒyz]
vierhonderd	төрт жүз	[tørt ʒyz]
vijfhonderd	бес жүз	[bes ʒyz]
zeshonderd	алты жүз	[altı ʒyz]
zevenhonderd	жеті жүз	[ʒetı ʒyz]
achthonderd	сегіз жүз	[segız ʒyz]
negenhonderd	тоғыз жүз	[toɣız ʒyz]
duizend	мың	[mıŋ]
tweeduizend	екі мың	[ekı mıŋ]
drieduizend	үш мың	[juʃ mıŋ]
tienduizend	он мың	[on mıŋ]
honderdduizend	жүз мың	[ʒyz mıŋ]
miljoen (het)	миллион	[mıllıon]
miljard (het)	миллиард	[mıllıard]

9. Ordinale getallen

eerste (bn)	бірінші	[bırınʃı]
tweede (bn)	екінші	[ekınʃı]
derde (bn)	үшінші	[juʃınʃı]
vierde (bn)	төртінші	[tørtınʃı]
vijfde (bn)	бесінші	[besınʃı]
zesde (bn)	алтыншы	[altınʃı]
zevende (bn)	жетінші	[ʒetınʃı]
achtste (bn)	сегізінші	[segızınʃı]
negende (bn)	тоғызыншы	[toɣızınʃı]
tiende (bn)	оныншы	[onınʃı]

KLEUREN. MEETEENHEDEN

10. Kleuren

kleur (de)	түс	[tys]
tint (de)	түс	[tys]
kleurnuance (de)	түс	[tys]
regenboog (de)	кемпірқосақ	[kempırqɔsaq]
wit (bn)	ақ	[aq]
zwart (bn)	қара	[qara]
grijs (bn)	сұр	[sʊr]
groen (bn)	жасыл	[ʒasıl]
geel (bn)	сары	[sarı]
rood (bn)	қызыл	[qızıl]
blauw (bn)	көк	[køk]
lichtblauw (bn)	көгілдір	[køgıʎdır]
roze (bn)	қызғылт	[qızɣılt]
oranje (bn)	сарғылт	[sarɣılt]
violet (bn)	күлгін	[kylgın]
bruin (bn)	қоңыр	[qɔŋır]
goud (bn)	алтын	[altın]
zilverkleurig (bn)	күміс түсті	[kymıs tystı]
beige (bn)	ақшыл сары	[aqʃıl sarı]
roomkleurig (bn)	ақшыл сары	[aqʃıl sarı]
turkoois (bn)	көк	[køk]
kersrood (bn)	шие түсті	[ʃie tystı]
lila (bn)	ақшыл көк	[aqʃıl køk]
karmijnrood (bn)	қызыл күрең	[qızıl kyreŋ]
licht (bn)	ашық	[aʃıq]
donker (bn)	қоңыр	[qɔŋır]
fel (bn)	айқын	[ajqın]
kleur-, kleurig (bn)	түрлі-түсті	[tyrlı tystı]
kleuren- (abn)	түрлі-түсті	[tyrlı tystı]
zwart-wit (bn)	қара-ала	[qara ala]
eenkleurig (bn)	бір түсті	[bır tystı]
veelkleurig (bn)	алабажақ	[alabaʒaq]

11. Meeteenheden

gewicht (het)	салмақ	[salmaq]
lengte (de)	ұзындық	[ʊzındıq]

breedte (de)	ен	[en]
hoogte (de)	биіктік	[bɪ:ktɪk]
diepte (de)	тереңдік	[tereŋdɪk]
volume (het)	көлем	[kølem]
oppervlakte (de)	аумақ	[awmɑq]

gram (het)	грамм	[grɑmm]
milligram (het)	миллиграм	[mɪllɪgrɑm]
kilogram (het)	килограмм	[kɪlɔgrɑmm]
ton (duizend kilo)	тонна	[tɔŋɑ]
pond (het)	қадақ	[qɑdɑq]
ons (het)	унция	[wntsɪjɑ]

meter (de)	метр	[metr]
millimeter (de)	миллиметр	[mɪllɪmetr]
centimeter (de)	сантиметр	[sɑntɪmetr]
kilometer (de)	километр	[kɪlɔmetr]
mijl (de)	миля	[mɪʎɑ]

duim (de)	дюйм	[dyjm]
voet (de)	фут	[fwt]
yard (de)	ярд	[jɑrd]

vierkante meter (de)	шаршы метр	[ʃɑrʃɪ metr]
hectare (de)	гектар	[gektɑr]

liter (de)	литр	[lɪtr]
graad (de)	градус	[grɑdws]
volt (de)	вольт	[vɔʎt]
ampère (de)	ампер	[ɑmper]
paardenkracht (de)	ат күші	[ɑt kyʃɪ]

hoeveelheid (de)	мөлшері	[mølʃærɪ]
een beetje …	аздап …	[ɑzdɑp]
helft (de)	жарты	[ʒɑrtɪ]
dozijn (het)	дожна	[dɔʒnɑ]
stuk (het)	дана	[dɑnɑ]

afmeting (de)	көлем	[kølem]
schaal (bijv. ~ van 1 op 50)	масштаб	[mɑsʃtɑb]

minimaal (bn)	ең азы	[eŋ ɑzɪ]
minste (bn)	ең кіші	[eŋ kɪʃɪ]
medium (bn)	орташа	[ɔrtɑʃɑ]
maximaal (bn)	барынша көп	[bɑrɪnʃɑ køp]
grootste (bn)	ең үлкен	[eŋ julken]

12. Containers

glazen pot (de)	банкі	[bɑŋkɪ]
blik (conserven~)	банкі	[bɑŋkɪ]
emmer (de)	шелек	[ʃælek]
ton (bijv. regenton)	бөшке	[bøʃke]
ronde waterbak (de)	леген	[legen]

tank (bijv. watertank-70-ltr)	**бак**	[bɑk]
heupfles (de)	**құты**	[qʊtɪ]
jerrycan (de)	**канистр**	[kɑnɪstr]
tank (bijv. ketelwagen)	**цистерна**	[tsɪsterna]
beker (de)	**сапты аяқ**	[sɑptɪ ɑjɑq]
kopje (het)	**шыны аяқ**	[ʃɪnɪ ɑjɑq]
schoteltje (het)	**табақша**	[tɑbɑqʃa]
glas (het)	**стақан**	[stɑqɑn]
wijnglas (het)	**бокал**	[bɔkɑl]
steelpan (de)	**кастрөл**	[kɑstrøl]
fles (de)	**шөлмек**	[ʃølmek]
flessenhals (de)	**ауыз**	[ɑwɪz]
karaf (de)	**графин**	[grɑfɪn]
kruik (de)	**көзе**	[køze]
vat (het)	**ыдыс**	[ɪdɪs]
pot (de)	**құмыра**	[qʊmɪra]
vaas (de)	**ваза**	[vɑza]
flacon (de)	**шиша**	[ʃɪʃa]
flesje (het)	**құты**	[qʊtɪ]
tube (bijv. ~ tandpasta)	**сықпалы сауыт**	[sɪqpɑlɪ sawɪt]
zak (bijv. ~ aardappelen)	**қап**	[qɑp]
tasje (het)	**пакет**	[pɑket]
pakje (~ sigaretten, enz.)	**десте**	[deste]
doos (de)	**қорап**	[qɔrɑp]
kist (de)	**жәшік**	[ʒæʃɪk]
mand (de)	**кәрзеңке**	[kærzɪŋke]

BELANGRIJKSTE WERKWOORDEN

13. De belangrijkste werkwoorden. Deel 1

aanbevelen (ww)	кеңес беру	[keŋes berw]
aandringen (ww)	кеуделеу	[kewdelew]
aankomen (per auto, enz.)	келу	[kelw]
aanraken (ww)	қозғау	[qɔzɣaw]
adviseren (ww)	кеңес беру	[keŋes berw]

afdalen (on.ww.)	түсу	[tysw]
afslaan (naar rechts ~)	бұру	[bʊrw]
antwoorden (ww)	жауап беру	[ʒawap berw]
bang zijn (ww)	қорқу	[qɔrqw]
bedreigen (bijv. met een pistool)	қорқыту	[qɔrqɪtw]

bedriegen (ww)	алдау	[aldaw]
beëindigen (ww)	бітіру	[bitɪrw]
beginnen (ww)	бастау	[bastaw]
begrijpen (ww)	түсіну	[tysɪnw]
beheren (managen)	басқару	[basqarw]

beledigen (met scheldwoorden)	қорлау	[qɔrlaw]
beloven (ww)	уәде беру	[wæde berw]
bereiden (koken)	әзірлеу	[æzɪrlew]
bespreken (spreken over)	талқылау	[talqɪlaw]

bestellen (eten ~)	жасату	[ʒasatw]
bestraffen (een stout kind ~)	жазалау	[ʒazalaw]
betalen (ww)	төлеу	[tølew]
betekenen (beduiden)	білдіру	[bɪʎdɪrw]
betreuren (ww)	өкіну	[økɪnw]

bevallen (prettig vinden)	ұнау	[ʊnaw]
bevelen (mil.)	бұйыру	[bʊjɪrw]
bevrijden (stad, enz.)	босату	[bɔsatw]
bewaren (ww)	сақтау	[saqtaw]
bezitten (ww)	ие болу	[ie bɔlw]

bidden (praten met God)	сиыну	[sɪːnw]
binnengaan (een kamer ~)	кіру	[kɪrw]
breken (ww)	сындыру	[sɪndɪrw]
controleren (ww)	бақылау	[baqɪlaw]
creëren (ww)	құру	[qʊrw]

deelnemen (ww)	қатысу	[qatɪsw]
denken (ww)	ойлану	[ɔjlanw]
doden (ww)	өлтіру	[øltɪrw]

| doen (ww) | жасау | [ʒasaw] |
| dorst hebben (ww) | шөлдеу | [ʃøldew] |

14. De belangrijkste werkwoorden. Deel 2

een hint geven	тұспалдау	[tuspaldaw]
eisen (met klem vragen)	талап ету	[talap etw]
excuseren (vergeven)	кешіру	[keʃirw]
existeren (bestaan)	тіршілік ету	[tirʃilik etw]
gaan (te voet)	жүру	[ʒyrw]

gaan zitten (ww)	отыру	[otɪrw]
gaan zwemmen	шомылу	[ʃomɪlw]
geven (ww)	беру	[berw]
glimlachen (ww)	күлімдеу	[kylɪmdew]
goed raden (ww)	шешу	[ʃæʃw]

grappen maken (ww)	әзілдеу	[æzɪldew]
graven (ww)	қазу	[qazw]
hebben (ww)	өзінде бар болу	[øzɪnde bar bolw]
helpen (ww)	көмектесу	[kømektesw]
herhalen (opnieuw zeggen)	қайталау	[qajtalaw]
honger hebben (ww)	жегісі келу	[ʒegɪsɪ kelw]

hopen (ww)	үміттену	[jumɪttenw]
horen (waarnemen met het oor)	есту	[estw]
huilen (wenen)	жылау	[ʒɪlaw]
huren (huis, kamer)	жалға алу	[ʒalɣa alw]
informeren (informatie geven)	мәлімдеу	[mælɪmdew]
instemmen (akkoord gaan)	көну	[kønw]
jagen (ww)	аулау	[awlaw]
kennen (kennis hebben van iemand)	білу	[bɪlw]

| kiezen (ww) | таңдау | [taŋdaw] |
| klagen (ww) | арыздану | [arɪzdanw] |

kosten (ww)	тұру	[turw]
kunnen (ww)	істей алу	[ɪstej alw]
lachen (ww)	күлу	[kylw]
laten vallen (ww)	түсіру	[tysɪrw]
lezen (ww)	оқу	[ɔqw]

liefhebben (ww)	жақсы көру	[ʒaqsɪ kørw]
lunchen (ww)	түскі тамақ жеу	[tyskɪ tamaq ʒew]
nemen (ww)	алу	[alw]
nodig zijn (ww)	керек болу	[kerek bolw]

15. De belangrijkste werkwoorden. Deel 3

| onderschatten (ww) | бағаламау | [baɣalamaw] |
| ondertekenen (ww) | қол қою | [qol qoju] |

ontbijten (ww)	ертеңгі тамақты ішу	[erteŋgı tamaqtı ıʃw]
openen (ww)	ашу	[aʃw]
ophouden (ww)	доғару	[doɣarw]
opmerken (zien)	байқап қалу	[bajqap qalw]

opscheppen (ww)	мақтану	[maqtanw]
opschrijven (ww)	жазу	[ʒazw]
plannen (ww)	жоспарлау	[ʒosparlaw]
prefereren (verkiezen)	артық көру	[artıq kørw]
proberen (trachten)	байқап көру	[bajqap kørw]
redden (ww)	құтқару	[qʊtqarw]

rekenen op ...	үміт арту ...	[jumıt artw]
rennen (ww)	жүгіру	[ʒygırw]
reserveren (een hotelkamer ~)	кейінге сақтау	[kejıŋe saqtaw]
roepen (om hulp)	жәрдемге шақыру	[ʒærdemge ʃaqırw]
schieten (ww)	ату	[atw]
schreeuwen (ww)	айғайлау	[ajɣajlaw]

schrijven (ww)	жазу	[ʒazw]
souperen (ww)	кешкі тамақ ішу	[keʃkı tamaq ıʃw]
spelen (kinderen)	ойнау	[ojnaw]
spreken (ww)	сөйлесу	[søjlesw]
stelen (ww)	ұрлау	[ʊrlaw]
stoppen (pauzeren)	тоқтау	[toqtaw]

studeren (Nederlands ~)	зерттеу	[zerttew]
sturen (zenden)	жөнелту	[ʒøneltw]
tellen (optellen)	санау	[sanaw]
toebehoren ...	меншігі болу	[menʃıgı bolw]
toestaan (ww)	рұқсат ету	[rʊqsat etw]
tonen (ww)	көрсету	[kørsetw]

twijfelen (onzeker zijn)	шүбәлану	[ʃybælanw]
uitgaan (ww)	шығу	[ʃıɣw]
uitnodigen (ww)	шақыру	[ʃaqırw]
uitspreken (ww)	айту	[ajtw]
uitvaren tegen (ww)	ұрсу	[ʊrsw]

16. De belangrijkste werkwoorden. Deel 4

vallen (ww)	құлау	[qʊlaw]
vangen (ww)	ұстау	[ʊstaw]
veranderen (anders maken)	өзгерту	[øzgertw]
verbaasd zijn (ww)	таңдану	[taŋdanw]
verbergen (ww)	жасыру	[ʒasırw]

verdedigen (je land ~)	қорғау	[qorɣaw]
verenigen (ww)	біріктіру	[bırıktıry]
vergelijken (ww)	салыстыру	[salıstırw]
vergeten (ww)	ұмыту	[ʊmıtw]
vergeven (ww)	кешіру	[keʃırw]
verklaren (uitleggen)	түсіндіру	[tysındırw]

verkopen (per stuk ~)	сату	[satw]
vermelden (praten over)	атау	[ataw]
versieren (decoreren)	әсемдеу	[æsemdew]
vertalen (ww)	аудару	[awdarw]

vertrouwen (ww)	сену	[senw]
vervolgen (ww)	жалғастыру	[ʒalɣastɯrw]
verwarren (met elkaar ~)	қателесу	[qatelesw]
verzoeken (ww)	сұрау	[suraw]
verzuimen (school, enz.)	өткізу	[øtkɪzw]

vinden (ww)	табу	[tabw]
vliegen (ww)	ұшу	[uʃw]
volgen (ww)	артынан еру	[artɯnan erw]
voorstellen (ww)	ұсыну	[usɯnw]
voorzien (verwachten)	алдағыны болжап білу	[aldaɣɯnɪ boʒap bɪlw]
vragen (ww)	сұрау	[suraw]

waarnemen (ww)	бақылау	[baqɯlaw]
waarschuwen (ww)	ескерту	[eskertw]
wachten (ww)	тосу	[tosw]
weerspreken (ww)	қарсы айту	[qarsɯ ajtw]
weigeren (ww)	бас тарту	[bas tartw]

werken (ww)	жұмыс істеу	[ʒumɯs ɪstew]
weten (ww)	білу	[bɪlw]
willen (verlangen)	тілеу	[tɪlew]
zeggen (ww)	айту	[ajtw]
zich haasten (ww)	асығу	[asɯɣw]

zich interesseren voor ...	көңіл қою	[køŋɪl qoju]
zich vergissen (ww)	қателесу	[qatelesw]
zich verontschuldigen	кешірім сұрау	[keʃɪrɪm suraw]
zien (ww)	көру	[kørw]

zijn (ww)	болу	[bolw]
zoeken (ww)	іздеу	[ɪzdew]
zwemmen (ww)	жүзу	[ʒyzw]
zwijgen (ww)	үндемеу	[jundemew]

TIJD. KALENDER

17. Dagen van de week

maandag (de)	дүйсенбі	[dyjsenbı]
dinsdag (de)	сейсенбі	[sejsenbı]
woensdag (de)	сәрсенбі	[særsenbı]
donderdag (de)	бейсенбі	[bejsenbı]
vrijdag (de)	жұма	[ʒuma]
zaterdag (de)	сенбі	[senbı]
zondag (de)	жексенбі	[ʒeksenbı]

vandaag (bw)	бүгін	[bygın]
morgen (bw)	ертең	[erteŋ]
overmorgen (bw)	бүрсігүні	[byrsıguni]
gisteren (bw)	кеше	[keʃæ]
eergisteren (bw)	алдыңғы күні	[aldıŋɣı kynı]

dag (de)	күн	[kyn]
werkdag (de)	жұмыс күні	[ʒumıs kynı]
feestdag (de)	мерекелік күн	[merekelık kyn]
verlofdag (de)	демалыс күні	[demalıs kynı]
weekend (het)	демалыс	[demalıs]

de hele dag (bw)	күні бойы	[kynı bojı]
de volgende dag (bw)	ертесіне	[ertesıne]
twee dagen geleden	екі күн кері	[ekı kyn kerı]
aan de vooravond (bw)	қарсаңында	[qarsaŋında]
dag-, dagelijks (bn)	күнделікті	[kyndelıktı]
elke dag (bw)	күнбе-күн	[kynbe kun]

week (de)	апта	[apta]
vorige week (bw)	өткен жұмада	[øtken ʒumada]
volgende week (bw)	келесі жұмада	[kelesı ʒumada]
wekelijks (bn)	апталық	[aptalıq]
elke week (bw)	апта сайын	[apta sajın]
twee keer per week	жұмада екі рет	[ʒumada ekı ret]
elke dinsdag	сейсенбі сайын	[sejsenbı sajın]

18. Uren. Dag en nacht

morgen (de)	таң	[taŋ]
's morgens (bw)	таңертеңгілік	[taŋerteŋgılık]
middag (de)	тал түс	[tal tys]
's middags (bw)	түстен кейін	[tysten kejın]

| avond (de) | кеш | [keʃ] |
| 's avonds (bw) | кешке | [keʃke] |

nacht (de)	түн	[tyn]
's nachts (bw)	түнде	[tynde]
middernacht (de)	түн жарымы	[tyn ʒarımı]

seconde (de)	секунд	[sekwnd]
minuut (de)	минут	[mınwt]
uur (het)	сағат	[saɣat]
halfuur (het)	жарты сағат	[ʒartı saɣat]
kwartier (het)	он бес минут	[ɔn bes mınwt]
vijftien minuten	он бес минут	[ɔn bes mınwt]
etmaal (het)	тәулік	[tæwlık]

zonsopgang (de)	күннің шығуы	[kyŋıŋ ʃıɣwı]
dageraad (de)	таң ату	[taŋ atw]
vroege morgen (de)	азан	[azan]
zonsondergang (de)	күннің батуы	[kyŋıŋ batwı]

's morgens vroeg (bw)	таңертең	[taŋerteŋ]
vanmorgen (bw)	бүгін ертеңмен	[bygın erteŋmen]
morgenochtend (bw)	ертеңертеңгісін	[erteŋ erteŋgısın]

vanmiddag (bw)	бүгін күндіз	[bygın kyndız]
's middags (bw)	түстен кейін	[tysten kejın]
morgenmiddag (bw)	ертең түстен кейін	[erteŋ tysten kejın]

vanavond (bw)	бүгін кешке	[bygın keʃke]
morgenavond (bw)	ертең кешке	[erteŋ keʃke]

klokslag drie uur	сағат дәл үште	[saɣat dæl juʃte]
ongeveer vier uur	сағат төртке қарай	[saɣat tørtke qaraj]
tegen twaalf uur	сағат он екіге қарай	[saɣat ɔn ekıge qaraj]

over twintig minuten	жиырма минуттан соң	[ʒıːrma mınwttan sɔŋ]
over een uur	бір сағаттан соң	[bır saɣattan sɔŋ]
op tijd (bw)	дәл кезінде	[dæl kezınde]

kwart voor …	он бес минутсыз	[ɔn bes mınwtsız]
binnen een uur	сағат бойында	[saɣat bojında]
elk kwartier	әр он бес минут сайын	[ær ɔn bes mınwt sajın]
de klok rond	тәулік бойы	[tæwlık bojı]

19. Maanden. Seizoenen

januari (de)	қаңтар	[qaŋtar]
februari (de)	ақпан	[aqpan]
maart (de)	наурыз	[nawrız]
april (de)	сәуір	[sæwır]
mei (de)	мамыр	[mamır]
juni (de)	маусым	[mawsım]

juli (de)	шілде	[ʃılde]
augustus (de)	тамыз	[tamız]
september (de)	қыркүйек	[qırkyjek]
oktober (de)	қазан	[qazan]

| november (de) | қараша | [qaraʃa] |
| december (de) | желтоқсан | [ʒeltoqsan] |

lente (de)	көктем	[køktem]
in de lente (bw)	көктемде	[køktemde]
lente- (abn)	көктемгі	[køktemgɪ]

zomer (de)	жаз	[ʒaz]
in de zomer (bw)	жазда	[ʒazda]
zomer-, zomers (bn)	жазғы	[ʒazɣɪ]

herfst (de)	күз	[kyz]
in de herfst (bw)	күзде	[kyzde]
herfst- (abn)	күздік	[kyzdɪk]

winter (de)	қыс	[qɪs]
in de winter (bw)	қыста	[qɪsta]
winter- (abn)	қысқы	[qɪsqɪ]

maand (de)	ай	[aj]
deze maand (bw)	осы айда	[osɪ ajda]
volgende maand (bw)	келесі айда	[kelesɪ ajda]
vorige maand (bw)	өткен айда	[øtken ajda]

een maand geleden (bw)	бір ай кері	[bɪr aj kerɪ]
over een maand (bw)	бір айдан кейін	[bɪr ajdan kejɪn]
over twee maanden (bw)	екі айдан кейін	[ekɪ ajdan kejɪn]
de hele maand (bw)	ай бойы	[aj bojɪ]
een volle maand (bw)	ай бойы	[aj bojɪ]

maand-, maandelijks (bn)	ай сайынғы	[aj sajɪnɣɪ]
maandelijks (bw)	ай сайын	[aj sajɪn]
elke maand (bw)	әр айда	[ær ajda]
twee keer per maand	айда екі рет	[ajda ekɪ ret]

jaar (het)	жыл	[ʒɪl]
dit jaar (bw)	биылғы	[bɪːlɣɪ]
volgend jaar (bw)	келесіжылы	[kelesɪʒɪlɪ]
vorig jaar (bw)	өткен жылы	[øtken ʒɪlɪ]

een jaar geleden (bw)	алдынғы жылы	[aldɪnɣɪ ʒɪlɪ]
over een jaar	бір жылдан кейін	[bɪr ʒɪldan kejɪn]
over twee jaar	екі жылдан кейін	[ekɪ ʒɪldan kejɪn]
het hele jaar	жыл бойы	[ʒɪl bojɪ]
een vol jaar	жыл бойы	[ʒɪl bojɪ]

elk jaar	әр жыл сайын	[ær ʒɪl sajɪn]
jaar-, jaarlijks (bn)	жыл сайынғы	[ʒɪl sajɪnɣɪ]
jaarlijks (bw)	жыл сайын	[ʒɪl sajɪn]
4 keer per jaar	жылына төрт рет	[ʒɪlɪna tørt ret]

datum (de)	сан	[san]
datum (de)	дата	[data]
kalender (de)	күнтізбе	[kyntɪzbe]
een half jaar	жарты жыл	[ʒartɪ ʒɪl]
zes maanden	жарты жылдық	[ʒartɪ ʒɪldɪq]

seizoen (bijv. lente, zomer)	маусым	[mɑwsım]
eeuw (de)	ғасыр	[ɣɑsır]

REIZEN. HOTEL

20. Trip. Reizen

toerisme (het)	туризм	[twrızm]
toerist (de)	турист	[twrıst]
reis (de)	саяхат	[sajahat]
avontuur (het)	оқиға	[ɔqıɣa]
tocht (de)	сапар	[sapar]
vakantie (de)	демалыс	[demalıs]
met vakantie zijn	демалыста болу	[demalısta bɔlw]
rust (de)	демалу	[demalw]
trein (de)	пойыз	[pɔjız]
met de trein	пойызбен	[pɔjızben]
vliegtuig (het)	ұшақ	[uʃaq]
met het vliegtuig	ұшақпен	[uʃaqpen]
met de auto	автомобильде	[avtɔmɔbıʎde]
per schip (bw)	кемеде	[kemede]
bagage (de)	жолжүк	[ʒɔβyk]
valies (de)	шабадан	[ʃabadan]
bagagekarretje (het)	жүкке арналған арбаша	[ʒykke arnalɣan arbaʃa]
paspoort (het)	паспорт	[pasport]
visum (het)	виза	[wıza]
kaartje (het)	билет	[bılet]
vliegticket (het)	авиабилет	[awıabılet]
reisgids (de)	жол көрсеткіш	[ʒɔl kørsetkıʃ]
kaart (de)	карта	[karta]
gebied (landelijk ~)	атырап	[atırap]
plaats (de)	мекен	[meken]
exotische bestemming (de)	экзотика	[ɛkzɔtıka]
exotisch (bn)	экзотикалық	[ɛkzɔtıkalıq]
verwonderlijk (bn)	таңғажайып	[taŋɣaʒajıp]
groep (de)	группа	[grwppa]
rondleiding (de)	экскурсия	[ɛkskwrsıja]
gids (de)	экскурсия жетекшісі	[ɛkskwrsıja ʒetekʃısı]

21. Hotel

hotel (het)	қонақ үй	[qɔnaq juj]
motel (het)	мотель	[mɔtɛʎ]
3-sterren	үш жұлдыз	[juʃ ʒuldız]

| 5-sterren | бес жұлдыз | [bes ʒuldız] |
| overnachten (ww) | тоқтау | [toqtaw] |

kamer (de)	нөмір	[nømır]
eenpersoonskamer (de)	бір адамдықнөмір	[bır adamdıqnømır]
tweepersoonskamer (de)	екі адамдық нөмір	[ekı adamdıq nømır]
een kamer reserveren	нөмірді броньдау	[nømırdı broŋdaw]

| halfpension (het) | жартылай пансион | [ʒartılaj pansıon] |
| volpension (het) | толық пансион | [tolıq pansıon] |

met badkamer	ваннамен	[vaŋamen]
met douche	душпен	[dwʃpen]
satelliet-tv (de)	спутник теледидары	[spwtnık teledıdarı]
airconditioner (de)	кондиционер	[kondıtsıoner]
handdoek (de)	орамал	[oramal]
sleutel (de)	кілт	[kiʎt]

administrateur (de)	әкімші	[ækımʃı]
kamermeisje (het)	қызметші әйел	[qızmetʃı æjel]
piccolo (de)	жүкші	[ʒykʃı]
portier (de)	портье	[portje]

restaurant (het)	мейрамхана	[mejramhana]
bar (de)	бар	[bar]
ontbijt (het)	ертеңгілік тамақ	[erteŋgılık tamaq]
avondeten (het)	кешкі тамақ	[keʃkı tamaq]
buffet (het)	шведтік үстел	[ʃwedtıq justeʎ]

| hal (de) | вестибюль | [westıbyʎ] |
| lift (de) | жеделсаты | [ʒedelsatı] |

| NIET STOREN | МАЗАЛАМАУ | [mazalamaw] |
| VERBODEN TE ROKEN! | ТЕМЕКІ ТАРТПАУ | [temekı tartpaw] |

22. Bezienswaardigheden

monument (het)	ескерткіш	[eskertkıʃ]
vesting (de)	қамал	[qamal]
paleis (het)	сарай	[saraj]
kasteel (het)	сарай	[saraj]
toren (de)	мұнара	[munara]
mausoleum (het)	мазар	[mazar]

architectuur (de)	сәулет	[sæwlet]
middeleeuws (bn)	орта ғасырлы	[orta ɣasırlı]
oud (bn)	ескі	[eskı]
nationaal (bn)	ұлттық	[ulttıq]
bekend (bn)	атаулы	[atawlı]

toerist (de)	турист	[twrıst]
gids (de)	гид	[gıd]
rondleiding (de)	экскурсия	[ɛkskwrsıja]
tonen (ww)	көрсету	[kørsetw]

vertellen (ww)	әңгімелеу	[æŋgımelew]
vinden (ww)	табу	[tɑbw]
verdwalen (de weg kwijt zijn)	жоғалу	[ʒɔɣɑlw]
plattegrond (~ van de metro)	схема	[shemɑ]
plattegrond (~ van de stad)	жоспар	[ʒɔspɑr]
souvenir (het)	базарлық	[bɑzɑrlıq]
souvenirwinkel (de)	базарлық дукені	[bɑzɑrlıq dwkenı]
een foto maken (ww)	суретке түсіру	[swretke tysırw]
zich laten fotograferen	суретке түсу	[swretke tysw]

VERVOER

23. Vliegveld

luchthaven (de)	әуежай	[æweʒɑj]
vliegtuig (het)	ұшақ	[ʊʃɑq]
luchtvaartmaatschappij (de)	авиакомпания	[awɪɑkɔmpɑnɪjɑ]
luchtverkeersleider (de)	диспетчер	[dɪspetʃer]
vertrek (het)	ұшу	[ʊʃw]
aankomst (de)	ұшып келу	[ʊʃɪp kelʊ]
aankomen (per vliegtuig)	ұшып келу	[ʊʃɪp kelʊ]
vertrektijd (de)	ұшып шығу уақыты	[ʊʃɪp ʃɪɣʊ ʊɑqɪtɪ]
aankomstuur (het)	ұшып келу уақыты	[ʊʃɪp kelʊ ʊɑqɪtɪ]
vertraagd zijn (ww)	кідіру	[kɪdɪrw]
vluchtvertraging (de)	ұшып шығудың кідіруі	[ʊʃɪp ʃɪɣwdɪdɪŋ kɪdɪrwɪ]
informatiebord (het)	ақпараттық табло	[aqparatɪq tablɔ]
informatie (de)	ақпарат	[aqparat]
aankondigen (ww)	әйгілеу	[æjgɪlew]
vlucht (bijv. KLM ~)	рейс	[rejs]
douane (de)	кеден	[keden]
douanier (de)	кеденші	[kedenʃɪ]
douaneaangifte (de)	декларация	[deklaratsɪjɑ]
een douaneaangifte invullen	декларацияны толтыру	[deklaratsɪjanɪ tɔltɪrw]
paspoortcontrole (de)	төлқұжат бақылауы	[tɔlqʊʒat baqɪlɑʊɪ]
bagage (de)	жүк	[ʒyk]
handbagage (de)	қол жүк	[qɔl ʒyk]
Gevonden voorwerpen	жүктің іздестіруі	[ʒyktɪŋ ɪzdestɪrwɪ]
bagagekarretje (het)	арбаша	[arbaʃa]
landing (de)	отырғызу	[ɔtɪrɣɪzw]
landingsbaan (de)	отырғызу алабы	[ɔtɪrɣɪzw alabɪ]
landen (ww)	қону	[qɔnw]
vliegtuigtrap (de)	басқыш	[basqɪʃ]
inchecken (het)	тіркеу	[tɪrkew]
incheckbalie (de)	тіркеу үлдірігі	[tɪrkew juʌdɪrɪgɪ]
inchecken (ww)	тіркелу	[tɪrkelw]
instapkaart (de)	отырғызу талоны	[ɔtɪrɣɪzw talɔnɪ]
gate (de)	шығу	[ʃɪɣw]
transit (de)	транзит	[tranzɪt]
wachten (ww)	күту	[kytw]

wachtzaal (de)	кұту залы	[kytw zalı]
begeleiden (uitwuiven)	ұзату	[ʊzatw]
afscheid nemen (ww)	қоштасу	[qɔʃtasw]

24. Vliegtuig

vliegtuig (het)	ұшақ	[ʊʃaq]
vliegticket (het)	авиабилет	[awıabılet]
luchtvaartmaatschappij (de)	авиакомпания	[awıakɔmpanıja]
luchthaven (de)	әуежай	[æweʒaj]
supersonisch (bn)	дыбыстан жүйрік	[dıbıstan ʒyjrık]

gezagvoerder (de)	кеме командирі	[keme kɔmandırı]
bemanning (de)	экипаж	[ɛkıpaʒ]
piloot (de)	ұшқыш	[ʊʃqıʃ]
stewardess (de)	аспансерік	[aspanserık]
stuurman (de)	штурман	[ʃtwrman]

vleugels (mv.)	қанаттар	[qanattar]
staart (de)	құйрық	[qwjrıq]
cabine (de)	кабина	[kabına]
motor (de)	қозғалтқыш	[qɔzɣaltqıʃ]

| landingsgestel (het) | шасси | [ʃassı] |
| turbine (de) | турбина | [twrbına] |

| propeller (de) | пропеллер | [prɔpeller] |
| zwarte doos (de) | қара жәшік | [qara ʒæʃık] |

| stuur (het) | штурвал | [ʃtwrval] |
| brandstof (de) | жағармай | [ʒaɣarmaj] |

veiligheidskaart (de)	нұсқама	[nʊsqama]
zuurstofmasker (het)	оттегі маскасы	[ɔttegı maskası]
uniform (het)	униформа	[wnıforma]

| reddingsvest (de) | құтқару жилеті | [qʊtqarw ʒıletı] |
| parachute (de) | парашют | [paraʃwt] |

opstijgen (het)	ұшып көтерілу	[ʊʃıp køterılw]
opstijgen (ww)	ұшып көтерілу	[ʊʃıp køterılw]
startbaan (de)	ұшу алаңы	[ʊʃw alaŋı]

| zicht (het) | көріну | [kørınw] |
| vlucht (de) | ұшу | [ʊʃw] |

| hoogte (de) | биіктік | [bıːktık] |
| luchtzak (de) | әуе құдығы | [æwe qʊndıɣı] |

plaats (de)	орын	[ɔrın]
koptelefoon (de)	құлаққап	[qʊlaqqap]
tafeltje (het)	қайырмалы үстел	[qajırmalı justel]
venster (het)	иллюминатор	[ıllymınatɔr]
gangpad (het)	өткел	[øtkeʎ]

25. Trein

trein (de)	пойыз	[pɔjɪz]
elektrische trein (de)	электричка	[ɛlektrɪtʃka]
sneltrein (de)	жүрдек пойыз	[ʒyrdek pɔjɪz]
diesellocomotief (de)	тепловоз	[teplɔvɔz]
locomotief (de)	паровоз	[parɔvɔz]
rijtuig (het)	вагон	[vagɔn]
restauratierijtuig (het)	вагон-ресторан	[vagɔn restɔran]
rails (mv.)	рельстер	[reʎster]
spoorweg (de)	темір жол	[temɪr ʒɔl]
dwarsligger (de)	шпал	[ʃpal]
perron (het)	платформа	[platfɔrma]
spoor (het)	жол	[ʒɔl]
semafoor (de)	семафор	[semafɔr]
halte (bijv. kleine treinhalte)	станция	[stantsɪja]
machinist (de)	машинист	[maʃɪnɪst]
kruier (de)	жүк тасушы	[ʒyk taswʃɪ]
conducteur (de)	жолбасшы	[ʒɔlbasʃɪ]
passagier (de)	жолаушы	[ʒɔlawʃɪ]
controleur (de)	бақылаушы	[baqɪlawʃɪ]
gang (in een trein)	дәліз	[dælɪz]
noodrem (de)	тоқтату краны	[tɔqtatw kranɪ]
coupé (de)	купе	[kwpe]
bed (slaapplaats)	сөре	[søre]
bovenste bed (het)	жоғарғы сөре	[ʒɔɣarɣɪ søre]
onderste bed (het)	төменгі сөре	[tømeŋɪ søre]
beddengoed (het)	төсек-орын белье	[tøsek ɔrın beʎje]
kaartje (het)	билет	[bɪlet]
dienstregeling (de)	кесте	[keste]
informatiebord (het)	табло	[tablɔ]
vertrekken	шегіну	[ʃægɪnw]
(De trein vertrekt ...)		
vertrek (ov. een trein)	пойыздың жүруі	[pɔjɪzdɪŋ ʒyrwɪ]
aankomen (ov. de treinen)	келу	[kelw]
aankomst (de)	келу	[kelw]
aankomen per trein	пойызбен келу	[pɔjɪzben kelw]
in de trein stappen	пойызға отыру	[pɔjɪzɣa ɔtɪrw]
uit de trein stappen	пойыздан шығу	[pɔjɪzdan ʃɪɣw]
treinwrak (het)	апат	[apat]
locomotief (de)	паровоз	[parɔvɔz]
stoker (de)	от жағушы	[ɔt ʒaɣwʃɪ]
stookplaats (de)	оттық	[ɔttɪq]
steenkool (de)	көмір	[kømɪr]

26. Schip

schip (het)	кеме	[keme]
vaartuig (het)	кеме	[keme]
stoomboot (de)	пароход	[parɔhɔd]
motorschip (het)	теплоход	[teplɔhɔd]
lijnschip (het)	лайнер	[lɑjner]
kruiser (de)	крейсер	[krejser]
jacht (het)	яхта	[jɑhtɑ]
sleepboot (de)	буксир	[bwksɪr]
duwbak (de)	баржа	[barʒɑ]
ferryboot (de)	паром	[parɔm]
zeilboot (de)	желкенші	[ʒelkenʃɪ]
brigantijn (de)	бригантина	[brɪɡɑntɪnɑ]
IJsbreker (de)	мұз жарғыш	[mʊz ʒarɣɪʃ]
duikboot (de)	сүңгуір қайық	[syŋɡwɪr qɑjɪq]
boot (de)	қайық	[qɑjɪq]
sloep (de)	шлюпка	[ʃlypkɑ]
reddingssloep (de)	құтқарушы қайық	[qʊtqarʊʃɪ qɑjɪq]
motorboot (de)	кеме	[keme]
kapitein (de)	капитан	[kɑpɪtɑn]
zeeman (de)	кемеші	[kemeʃɪ]
matroos (de)	теңізші	[teŋɪzʃɪ]
bemanning (de)	экипаж	[ɛkɪpɑʒ]
bootsman (de)	боцман	[bɔtsmɑn]
scheepsjongen (de)	юнга	[juŋɑ]
kok (de)	кок	[kɔk]
scheepsarts (de)	кеме дәрігері	[keme dærɪɡerɪ]
dek (het)	палуба	[palwbɑ]
mast (de)	діңгек	[dɪŋɡek]
zeil (het)	желкен	[ʒelken]
ruim (het)	трюм	[trym]
voorsteven (de)	тұмсық	[tʊmsɪq]
achtersteven (de)	корма	[kɔrmɑ]
roeispaan (de)	ескек	[eskek]
schroef (de)	винт	[wɪnt]
kajuit (de)	каюта	[kɑjutɑ]
officierskamer (de)	ортақ бөлме	[ɔrtɑq bølme]
machinekamer (de)	машина бөлімі	[maʃɪnɑ bølɪmɪ]
brug (de)	капитан мінбесі	[kɑpɪtɑn mɪnbesɪ]
radiokamer (de)	радиорубка	[radɪɔrwbkɑ]
radiogolf (de)	толқын	[tɔlqɪn]
logboek (het)	кеме журналы	[keme ʒwrnɑlɪ]
verrekijker (de)	көру дүрбісі	[kørw dyrbɪsɪ]
klok (de)	қоңырау	[qɔŋɪraw]

vlag (de)	ту	[tw]
kabel (de)	арқан	[arqan]
knoop (de)	түйін	[tyjın]
trapleuning (de)	тұтқа	[tʊtqa]
trap (de)	басқыш	[basqıʃ]
anker (het)	зәкір	[zækır]
het anker lichten	зәкірді көтеру	[zækırdı køterw]
het anker neerlaten	зәкірді тастау	[zækırdı tastaw]
ankerketting (de)	зәкір шынжыры	[zækır ʃınʒırı]
haven (bijv. containerhaven)	кемежай	[kemeʒaj]
kaai (de)	айлақ	[ajlaq]
aanleggen (ww)	айлақтау	[ajlaqtaw]
wegvaren (ww)	қозғалып кету	[qozɣalıp ketw]
reis (de)	саяхат	[sajahat]
cruise (de)	круиз	[krwız]
koers (de)	бағыт	[baɣıt]
route (de)	бағдар	[baɣdar]
vaarwater (het)	фарватер	[farvater]
zandbank (de)	қайыр	[qajır]
stranden (ww)	тақырға отырып қалу	[taqırɣa ɔtırıp qalw]
storm (de)	дауыл	[dawıl]
signaal (het)	сигнал	[sıgnal]
zinken (ov. een boot)	бату	[batw]
SOS (noodsignaal)	SOS	[sɔs]
reddingsboei (de)	құтқару дөңгелегі	[qjutqarw døŋgelegı]

STAD

27. Stedelijk vervoer

bus, autobus (de)	автобус	[avtɔbws]
tram (de)	трамвай	[tramvaj]
trolleybus (de)	троллейбус	[trɔllejbws]
route (de)	бағдар	[baɣdar]
nummer (busnummer, enz.)	нөмір	[nømɪr]
rijden met ...	... бару	[barw]
stappen (in de bus ~)	отыру	[ɔtɪrw]
afstappen (ww)	шығу	[ʃɪɣw]
halte (de)	аялдама	[ajaldama]
volgende halte (de)	келесі аялдама	[kelesɪ ajaldama]
eindpunt (het)	соңғы аялдама	[sɔŋɣɪ ajaldama]
dienstregeling (de)	кесте	[keste]
wachten (ww)	тосу	[tɔsw]
kaartje (het)	билет	[bɪlet]
reiskosten (de)	билеттің құны	[bɪlettɪŋ qʊnɪ]
kassier (de)	кассир	[kassɪr]
kaartcontrole (de)	бақылау	[baqɪlaw]
controleur (de)	бақылаушы	[baqɪlawʃɪ]
te laat zijn (ww)	кешігу	[keʃɪgw]
missen (de bus ~)	кешігу	[keʃɪgw]
zich haasten (ww)	асығу	[asɪɣw]
taxi (de)	такси	[taksɪ]
taxichauffeur (de)	таксист	[taksɪst]
met de taxi (bw)	таксимен	[taksɪmen]
taxistandplaats (de)	такси тұрағы	[taksɪ tʊraɣɪ]
een taxi bestellen	такси жалдау	[taksɪ ʒaldaw]
een taxi nemen	такси жалдау	[taksɪ ʒaldaw]
verkeer (het)	көше қозғалысы	[køʃæ qɔzɣalɪsɪ]
file (de)	тығын	[tɪɣɪn]
spitsuur (het)	қарбалас сағаттары	[qarbalas saɣattarɪ]
parkeren (on.ww.)	көлікті қою	[kølɪktɪ qɔju]
parkeren (ov.ww.)	көлікті қою	[kølɪktɪ qɔju]
parking (de)	тұрақ	[tʊraq]
metro (de)	метро	[metrɔ]
halte (bijv. kleine treinhalte)	бекет	[beket]
de metro nemen	метромен жүру	[metrɔmen ʒyrw]
trein (de)	пойыз	[pɔjɪz]
station (treinstation)	вокзал	[vɔkzal]

28. Stad. Het leven in de stad

stad (de)	қала	[qala]
hoofdstad (de)	астана	[astana]
dorp (het)	ауыл	[awıl]
plattegrond (de)	қаланың жоспары	[qalanıŋ ʒosparı]
centrum (ov. een stad)	қаланың орталығы	[qalanıŋ ortalıɣı]
voorstad (de)	қала маңы	[qala maŋı]
voorstads- (abn)	қала маңайы	[qala maŋajı]
randgemeente (de)	түкпір	[tykpır]
omgeving (de)	айнала-төңірек	[ajnalatøŋırek]
blok (huizenblok)	квартал	[kvartal]
woonwijk (de)	тұрғын квартал	[turɣın kvartal]
verkeer (het)	жүріс	[ʒyrıs]
verkeerslicht (het)	бағдаршам	[baɣdarʃam]
openbaar vervoer (het)	қала көлігі	[qala kølıgı]
kruispunt (het)	жол торабы	[ʒol torabı]
zebrapad (oversteekplaats)	өтпелі	[øtpelı]
onderdoorgang (de)	жерасты өтпе жолы	[ʒerastı øtpe ʒolı]
oversteken (de straat ~)	өту	[øtw]
voetganger (de)	жаяу	[ʒajaw]
trottoir (het)	жаяулар жүретін жол	[ʒajawlar ʒyretın ʒol]
brug (de)	көпір	[køpır]
dijk (de)	жағалау	[ʒaɣalaw]
allee (de)	саяжол	[sajaʒol]
park (het)	саябақ	[sajabaq]
boulevard (de)	бульвар	[bwʎvar]
plein (het)	алаң	[alaŋ]
laan (de)	даңғыл	[daŋɣıl]
straat (de)	көше	[køʃæ]
zijstraat (de)	тұйық көше	[tujıq køʃæ]
doodlopende straat (de)	тұйық	[tujıq]
huis (het)	үй	[juj]
gebouw (het)	ғимарат	[ɣımarat]
wolkenkrabber (de)	зеңгір үй	[zeŋgır juj]
gevel (de)	фасад	[fasad]
dak (het)	шатыр	[ʃatır]
venster (het)	терезе	[tereze]
boog (de)	дарбаза	[darbaza]
pilaar (de)	колонна	[koloŋa]
hoek (ov. een gebouw)	бұрыш	[burıʃ]
vitrine (de)	көрме	[kørme]
gevelreclame (de)	маңдайша жазу	[maŋdajʃa ʒazw]
affiche (de/het)	жарқағаз	[ʒarqaɣaz]
reclameposter (de)	жарнамалық плакат	[ʒarnamalıq plakat]
aanplakbord (het)	жарнама қалқаны	[ʒarnama qalqanı]

vuilnis (de/het)	қоқым-соқым	[qɔqɪm sɔqɪm]
vuilnisbak (de)	қоқыс салатын урна	[qɔqɪs salatın wrna]
afval weggooien (ww)	қоқыту	[qɔqɪtw]
stortplaats (de)	қоқыс тастайтын жер	[qɔqɪs tastajtın ʒer]

telefooncel (de)	телефон будкасі	[telefɔn bwdkası]
straatlicht (het)	фонарь бағанасы	[fɔnarʲ baɣanası]
bank (de)	орындық	[ɔrındıq]

politieagent (de)	полицей	[pɔlıtsej]
politie (de)	полиция	[pɔlıtsıja]
zwerver (de)	қайыршы	[qajırʃı]
dakloze (de)	үйсіз	[jujsız]

29. Stedelijke instellingen

winkel (de)	дүкен	[dyken]
apotheek (de)	дәріхана	[dærıhana]
optiek (de)	оптика	[ɔptıka]
winkelcentrum (het)	сауда орталығы	[sawda ɔrtalıɣı]
supermarkt (de)	супермаркет	[swpermarket]

bakkerij (de)	тоқаш сататын дүкен	[tɔqaʃ satatın dyken]
bakker (de)	наубайшы	[nawbajʃı]
banketbakkerij (de)	кондитер	[kɔndıter]
kruidenier (de)	бакалея	[bakaleja]
slagerij (de)	ет дүкені	[et dykenı]

| groentewinkel (de) | көкөнісдүкені | [køkønısdykenı] |
| markt (de) | нарық | [narıq] |

koffiehuis (het)	кафе	[kafe]
restaurant (het)	мейрамхана	[mejramhana]
bar (de)	сырахана	[sırahana]
pizzeria (de)	пиццерия	[pıtserıja]

kapperssalon (de/het)	шаштараз	[ʃaʃtaraz]
postkantoor (het)	пошта	[pɔʃta]
stomerij (de)	химиялық тазалау	[hımıjalıq tazalaw]
fotostudio (de)	фотосурет шеберханасы	[fɔtɔswret ʃæberhanası]

schoenwinkel (de)	аяқ киім дүкені	[ajaq kıːm dykenı]
boekhandel (de)	кітап дүкені	[kıtap dykenı]
sportwinkel (de)	спорт дүкені	[spɔrt dykenı]

kledingreparatie (de)	киім жөндеу	[kıːm ʒøndew]
kledingverhuur (de)	киімді жалға беру	[kıːmdı ʒalɣa berw]
videotheek (de)	фильмді жалға беру	[fıʎmdı ʒalɣa berw]

circus (de/het)	цирк	[tsırk]
dierentuin (de)	айуанаттар паркі	[ajwanattar parkı]
bioscoop (de)	кинотеатр	[kınɔteatr]
museum (het)	музей	[mwzej]
bibliotheek (de)	кітапхана	[kıtaphana]

theater (het)	театр	[teatr]
opera (de)	опера	[ɔpera]
nachtclub (de)	түнгі клуб	[tyŋı klwb]
casino (het)	казино	[kazınɔ]

moskee (de)	мешіт	[meʃıt]
synagoge (de)	синагога	[sınagɔga]
kathedraal (de)	кесене	[kesene]
tempel (de)	ғибадатхана	[ɣıbadathana]
kerk (de)	шіркеу	[ʃırkew]

instituut (het)	институт	[ınstıtwt]
universiteit (de)	университет	[wnıwersıtet]
school (de)	мектеп	[mektep]

gemeentehuis (het)	әкімшілік	[ækımʃılık]
stadhuis (het)	әкімдік	[ækımdık]
hotel (het)	қонақ үй	[qɔnaq juj]
bank (de)	банк	[baŋk]

ambassade (de)	елшілік	[elʃılık]
reisbureau (het)	туристік агенттік	[twrıstık agenttık]
informatieloket (het)	анықтама бюросы	[anıqtama byrɔsı]
wisselkantoor (het)	айырбас пункті	[ajırbas pwŋktı]

| metro (de) | метро | [metrɔ] |
| ziekenhuis (het) | емхана | [emhana] |

| benzinestation (het) | жанармай | [ʒanarmaj] |
| parking (de) | тұрақ | [tʊraq] |

30. Borden

gevelreclame (de)	маңдайша жазу	[maŋdajʃa ʒazw]
opschrift (het)	жазба	[ʒazba]
poster (de)	плакат	[plakat]
wegwijzer (de)	көрсеткіш	[kørsetkıʃ]
pijl (de)	тіл	[tıʎ]

waarschuwing (verwittiging)	алдын-ала ескерту	[aldın ala eskertw]
waarschuwingsbord (het)	ескерту	[eskertw]
waarschuwen (ww)	ескерту	[eskertw]

vrije dag (de)	демалыс күні	[demalıs kynı]
dienstregeling (de)	кесте	[keste]
openingsuren (mv.)	жұмыс сағаттары	[ʒumıs saɣattarı]

WELKOM!	ҚОШ КЕЛДІҢІЗДЕР!	[qɔʃ keldıŋızder]
INGANG	КІРУ	[kırw]
UITGANG	ШЫҒУ	[ʃıɣw]

DUWEN	ИТЕРУ	[ıterw]
TREKKEN	ТАРТУ	[tartw]
OPEN	АШЫҚ	[aʃıq]

GESLOTEN	ЖАБЫҚ	[ʒabıq]
DAMES	ӘЙЕЛДЕР	[æjelder]
HEREN	ЕРКЕКТЕР	[ɛrkekter]

KORTING	ЖЕҢІЛДІКТЕР	[ʒeŋıldıkter]
UITVERKOOP	КӨТЕРЕ САТУ	[køtere satw]
NIEUW!	ЖАҢАЛЫҚ!	[ʒaŋalıq]
GRATIS	АҚЫСЫЗ	[aqısız]

PAS OP!	НАЗАР АУДАРЫҢЫЗ!	[nazar awdarıŋız]
VOLGEBOEKT	ОРЫН ЖОҚ	[orın ʒoq]
GERESERVEERD	БРОНЬДАЛҒАН	[broɲdalɣan]

ADMINISTRATIE	ӘКІМШІЛІК	[ækımʃılık]
ALLEEN VOOR PERSONEEL	ТЕК ҚЫЗМЕТКЕРЛЕР ҮШІН	[tek qızmetkerler juʃın]

GEVAARLIJKE HOND	ҚАБАҒАН ИТ	[qabaɣan ıt]
VERBODEN TE ROKEN!	ТЕМЕКІ ШЕКПЕҢІЗ!	[temekı ʃækpeŋız]
NIET AANRAKEN!	ҚОЛМЕН ҰСТАМАҢЫЗ!	[qolmen ʊstamaŋız]

GEVAARLIJK	ҚАУІПТІ	[qawıptı]
GEVAAR	ҚАУІП-ҚАТЕР	[qawıp qater]
HOOGSPANNING	ЖОҒАРЫ КЕРНЕУ	[ʒoɣarı kernew]
VERBODEN TE ZWEMMEN	ШОМЫЛУҒА ТЫЙЫМ САЛЫНАДЫ	[ʃomılwɣa tijım salınadı]
BUITEN GEBRUIK	ІСТЕМЕЙДІ	[ıstemejdı]

ONTVLAMBAAR	ӨРТЕНГІШ	[ørteŋıʃ]
VERBODEN	ТЫЙЫМ САЛЫНАДЫ	[tijım salınadı]
DOORGANG VERBODEN	ӨТУГЕ ТЫЙЫМ САЛЫНАДЫ	[øtwge tijım salınadı]
OPGELET PAS GEVERFD	БОЯУЛЫ	[bojawlı]

31. Winkelen

kopen (ww)	сатып алу	[satıp alw]
aankoop (de)	сатып алынған зат	[satıp alınɣan zat]
winkelen (ww)	сауда жасау	[sawda ʒasaw]
winkelen (het)	шоппинг	[ʃoppıŋ]

open zijn (ov. een winkel, enz.)	жұмыс істеу	[ʒʊmıs ıstew]
gesloten zijn (ww)	жабылу	[ʒabılw]

schoeisel (het)	аяқ киім	[ajaq kı:m]
kleren (mv.)	киім	[kı:m]
cosmetica (de)	косметика	[kosmetıka]
voedingswaren (mv.)	азық-түлік	[azıq tylık]
geschenk (het)	сыйлық	[sıjlıq]

verkoper (de)	сатушы	[satwʃı]
verkoopster (de)	сатушы	[satwʃı]
kassa (de)	касса	[kassa]

spiegel (de)	**айна**	[ajna]
toonbank (de)	**сатушы сөресі**	[satwʃı søresı]
paskamer (de)	**киіну бөлмесі**	[kı:nw bølmesı]
aanpassen (ww)	**шақтап көру**	[ʃaqtap kørw]
passen (ov. kleren)	**жарасу**	[ʒarasw]
bevallen (prettig vinden)	**ұнау**	[ʊnaw]
prijs (de)	**баға**	[baɣa]
prijskaartje (het)	**бағалық**	[baɣalıq]
kosten (ww)	**тұру**	[tʊrw]
Hoeveel?	**Қанша?**	[qanʃa]
korting (de)	**шегерім**	[ʃægerım]
niet duur (bn)	**қымбат емес**	[qımbat emes]
goedkoop (bn)	**арзан**	[arzan]
duur (bn)	**қымбат**	[qımbat]
Dat is duur.	**бұл қымбат**	[bʊl qımbat]
verhuur (de)	**жалға беру**	[ʒalɣa berw]
huren (smoking, enz.)	**жалға алу**	[ʒalɣa alw]
krediet (het)	**несие**	[nesıe]
op krediet (bw)	**несиеге**	[nesıege]

KLEDING EN ACCESSOIRES

32. Bovenkleding. Jassen

kleren (mv.), kleding (de)	киім	[kɪ:m]
bovenkleding (de)	сыртқы киім	[sɪrtqɪ kɪ:m]
winterkleding (de)	қысқы киім	[qɪsqɪ kɪ:m]
jas (de)	шапан	[ʃapan]
bontjas (de)	тон	[tɔn]
bontjasje (het)	қысқа тон	[qɪsqa tɔn]
donzen jas (de)	тұлып тон	[tʊlɪp tɔn]
jasje (bijv. een leren ~)	куртка	[kwrtka]
regenjas (de)	жадағай	[ʒadaɣaj]
waterdicht (bn)	су өтпейтін	[sw øtpejtɪn]

33. Heren & dames kleding

overhemd (het)	көйлек	[køjlek]
broek (de)	шалбар	[ʃalbar]
jeans (de)	джинсы	[dʒɪnsɪ]
colbert (de)	пиджак	[pɪdʒak]
kostuum (het)	костюм	[kɔstym]
jurk (de)	көйлек	[køjlek]
rok (de)	белдемше	[beldemʃæ]
blouse (de)	блузка	[blwzka]
wollen vest (de)	кеудеше	[kewdeʃæ]
T-shirt (het)	футболка	[fwtbɔlka]
shorts (mv.)	дамбал	[dambal]
trainingspak (het)	спорттық костюм	[spɔrttɪq kɔstym]
badjas (de)	шапан	[ʃapan]
pyjama (de)	түнгі жейде	[tyŋɪ ʒejde]
sweater (de)	свитер	[swɪter]
pullover (de)	пуловер	[pwlɔwer]
gilet (het)	желетке	[ʒeletke]
rokkostuum (het)	фрак	[frak]
smoking (de)	смокинг	[smɔkɪŋ]
uniform (het)	бірыңғай формалы киімдер	[bɪrɪŋɣaj fɔrmalɪ kɪ:mder]
werkkleding (de)	жұмыс киімі	[ʒʊmɪs kɪ:mɪ]
overall (de)	комбинезон	[kɔmbɪnezɔn]
doktersjas (de)	шапан	[ʃapan]

34. Kleding. Ondergoed

ondergoed (het)	iш киім	[ıʃ kɪːm]
onderhemd (het)	iшкөйлек	[ıʃkɵjlek]
sokken (mv.)	шұлық	[ʃʊlıq]
nachthemd (het)	түнгі көйлек	[tyŋı kɵjlek]
beha (de)	кеудеше	[kewdeʃæ]
kniekousen (mv.)	гольф	[gɔʎf]
panty (de)	шұлықдамбал	[ʃʊlıqdambal]
nylonkousen (mv.)	шұлық	[ʃʊlıq]
badpak (het)	шомылу костюмі	[ʃɔmılw kɔstymı]

35. Hoofddeksels

hoed (de)	телпек	[telpek]
deukhoed (de)	қалпақ	[qalpaq]
honkbalpet (de)	бейсболка	[bejsbɔlka]
kleppet (de)	кепеш	[kepeʃ]
baret (de)	берет	[beret]
kap (de)	капюшон	[kapyʃɔn]
panamahoed (de)	панама	[panama]
gebreide muts (de)	тоқыма телпек	[tɔqıma telpek]
hoofddoek (de)	орамал	[ɔramal]
dameshoed (de)	қалпақша	[qalpaqʃa]
veiligheidshelm (de)	каска	[kaska]
veldmuts (de)	пилотка	[pılɔtka]
helm, valhelm (de)	дулыға	[dwlıɣa]
bolhoed (de)	котелок	[kɔtelɔk]
hoge hoed (de)	цилиндр	[tsılındr]

36. Schoeisel

schoeisel (het)	аяқ киім	[ajaq kɪːm]
schoenen (mv.)	бәтеңке	[bæteŋke]
vrouwenschoenen (mv.)	туфли	[twflı]
laarzen (mv.)	етік	[etık]
pantoffels (mv.)	тәпішке	[tæpıʃke]
sportschoenen (mv.)	кроссовкалар	[krɔssɔvkalar]
sneakers (mv.)	кеды	[kedı]
sandalen (mv.)	сандал	[sandal]
schoenlapper (de)	аяқ киім жамаушы	[ajaq kɪːm ʒamawʃı]
hiel (de)	тақа	[taqa]
paar (een ~ schoenen)	қос	[qɔs]
veter (de)	бау	[baw]

rijgen (schoenen ~)	байлау	[bajlaw]
schoenlepel (de)	аяқ киімге қасық	[ajaq kɯ:mɣe qasɯq]
schoensmeer (de/het)	аяқ киімге жағатын кірем	[ajaq kɯ:mɣe ʒaɣatɯn kɯrem]

37. Persoonlijke accessoires

handschoenen (mv.)	биялай	[bɯjalaj]
wanten (mv.)	қолғап	[qɔlɣap]
sjaal (fleece ~)	шарф	[ʃarf]

bril (de)	көзілдірік	[køzɯldɯrɯk]
brilmontuur (het)	жиектеме	[ʒɯekteme]
paraplu (de)	қол шатыр	[qɔl ʃatɯr]
wandelstok (de)	таяқ	[tajaq]
haarborstel (de)	тарақ	[taraq]
waaier (de)	желпігіш	[ʒelpɯgɯʃ]

das (de)	галстук	[galstwk]
strikje (het)	галстук-көбелек	[galstwk købelek]
bretels (mv.)	аспа	[aspa]
zakdoek (de)	қол орамал	[qɔl ɔramal]

kam (de)	тарақ	[taraq]
haarspeldje (het)	шаш қыстырғыш	[ʃaʃ qɯstɯrɣɯʃ]
schuifspeldje (het)	шаш түйрегіш	[ʃaʃ tyjregɯʃ]
gesp (de)	айылбас	[ajɯlbas]

| broekriem (de) | белдік | [beldɯk] |
| draagriem (de) | белдік | [beldɯk] |

handtas (de)	сөмке	[sømke]
damestas (de)	әйел сөмкесі	[æjel sømkesɯ]
rugzak (de)	жолдорба	[ʒɔldɔrba]

38. Kleding. Diversen

mode (de)	сән	[sæn]
de mode (bn)	сәнді	[sændɯ]
kledingstilist (de)	үлгіші	[julgɯʃɯ]

kraag (de)	жаға	[ʒaɣa]
zak (de)	қалта	[qalta]
zak- (abn)	қалта	[qalta]
mouw (de)	жең	[ʒeŋ]
lusje (het)	ілгіш	[ɯʌɣɯʃ]
gulp (de)	ілгек	[ɯlgek]

rits (de)	ілгек	[ɯlgek]
sluiting (de)	ілгек	[ɯlgek]
knoop (de)	түйме	[tyjme]
knoopsgat (het)	желкелік	[ʒelkelɯk]

losraken (bijv. knopen)	түймені үзіп алу	[tyjmenı juzıp alw]
naaien (kleren, enz.)	тігу	[tıgw]
borduren (ww)	кесте тігу	[keste tıgw]
borduursel (het)	кесте	[keste]
naald (de)	ине	[ıne]
draad (de)	жіп	[ʒıp]
naad (de)	тігіс	[tıgıs]

vies worden (ww)	былғану	[bılɣanw]
vlek (de)	дақ	[daq]
gekreukt raken (ov. kleren)	қырыстанып қалу	[qırıstanıp qalw]
scheuren (ov.ww.)	жырту	[ʒırtw]
mot (de)	күйе	[kyje]

39. Persoonlijke verzorging. Schoonheidsmiddelen

tandpasta (de)	тіс пастасы	[tıs pastası]
tandenborstel (de)	месуек	[mæswek]
tanden poetsen (ww)	тіс тазалау	[tıs tazalaw]

scheermes (het)	ұстара	[ustara]
scheerschuim (het)	қырынуға арналған крем	[qırınwɣa arnalɣan krem]
zich scheren (ww)	қырыну	[qırınw]

zeep (de)	сабын	[sabın]
shampoo (de)	сусабын	[swsabın]

schaar (de)	қайшы	[qajʃı]
nagelvijl (de)	тырнақ егеуіш	[tırnaq egewıʃ]
nagelknipper (de)	тістеуік	[tıstewık]
pincet (het)	іскек	[ıskek]

cosmetica (de)	косметика	[kɔsmetıka]
masker (het)	маска	[maska]
manicure (de)	маникюр	[manıkyr]
manicure doen	маникюр жасау	[manıkyr ʒasaw]
pedicure (de)	педикюр	[pedıkyr]

cosmetica tasje (het)	бояулар салатын сомке	[bɔjawlar salatın sɔmke]
poeder (de/het)	опа	[ɔpa]
poederdoos (de)	опа сауыт	[ɔpa sawıt]
rouge (de)	еңлік	[eŋlık]

parfum (de/het)	иіс су	[ı:s sw]
eau de toilet (de)	иіссу	[ı:ssw]
lotion (de)	лосьон	[lɔsʲɔn]
eau de cologne (de)	әтір	[ætır]

oogschaduw (de)	қабақ бояуы	[qabaq bɔjawı]
oogpotlood (het)	көзге арналған қарындаш	[kɵzge arnalɣan qarındaʃ]
mascara (de)	кірпік сүрмесі	[kırpık syrmesı]

lippenstift (de)	ерін далабы	[erın dalabı]
nagellak (de)	тырнақ арналған лак	[tırnaq arnalɣan lak]

haarlak (de)	шашқа арналған лак	[ʃaʃqa arnalɣan lak]
deodorant (de)	дезодорант	[dezɔdɔrant]
crème (de)	иісмай	[ɪːsmaj]
gezichtscrème (de)	бетке арналған крем	[betke arnalɣan krem]
handcrème (de)	қолға арналған крем	[qolɣa arnalɣan krem]
antirimpelcrème (de)	әжімге қарсы кремі	[æʒɪmge qarsɪ kremɪ]
dag- (abn)	күндізгі иісмай	[kyndɪzgɪ ɪːsmaj]
nacht- (abn)	түнгі иісмай	[tyŋɪ ɪːsmaj]
tampon (de)	тықпа	[tɪqpa]
toiletpapier (het)	дәрет қағазы	[dæret qaɣazɪ]
föhn (de)	шаш кептіргіш	[ʃaʃ keptɪrgɪʃ]

40. Horloges. Klokken

polshorloge (het)	сағат	[saɣat]
wijzerplaat (de)	циферблат	[tsɪferblat]
wijzer (de)	тіл	[tɪʎ]
metalen horlogeband (de)	білезік	[bɪlezɪk]
horlogebandje (het)	таспа	[taspa]
batterij (de)	батарейка	[batarejka]
leeg zijn (ww)	батарейка отырып қалды	[batarejka ɔtɪrɪp qaldɪ]
batterij vervangen	батарейканы ауыстыру	[batarejkanɪ awɪstɪrw]
voorlopen (ww)	асығу	[asɪɣw]
achterlopen (ww)	кейіндеу	[kejɪndew]
wandklok (de)	қабырға сағат	[qabɪrɣa saɣat]
zandloper (de)	құм сағат	[qum saɣat]
zonnewijzer (de)	күн сағаты	[kyn saɣatɪ]
wekker (de)	оятар	[ɔjatar]
horlogemaker (de)	сағатшы	[saɣatʃɪ]
repareren (ww)	жөндеу	[ʒøndew]

ALLEDAAGSE ERVARING

41. Geld

geld (het)	ақша	[aqʃa]
ruil (de)	айырбастау	[ajırbastaw]
koers (de)	курс	[kwrs]
geldautomaat (de)	банкомат	[baŋkɔmat]
muntstuk (de)	тиын	[tɪːn]
dollar (de)	доллар	[dɔllar]
euro (de)	еуро	[ewrɔ]
lire (de)	лира	[lıra]
Duitse mark (de)	марка	[marka]
frank (de)	франк	[fraŋk]
pond sterling (het)	фунт-стерлинг	[fwnt sterlıŋ]
yen (de)	йена	[jena]
schuld (geldbedrag)	қарыз	[qarız]
schuldenaar (de)	қарыздар	[qarızdar]
uitlenen (ww)	қарызға беру	[qarızɣa berw]
lenen (geld ~)	қарызға алу	[qarızɣa alw]
bank (de)	банкі	[baŋkı]
bankrekening (de)	шот	[ʃɔt]
op rekening storten	шотқа салу	[ʃɔtqa salw]
opnemen (ww)	шоттан шығару	[ʃɔttan ʃıɣarw]
kredietkaart (de)	кредиттік карта	[kredıttık karta]
baar geld (het)	қолма-қол ақша	[qɔlma qɔl aqʃa]
cheque (de)	чек	[ʧek]
een cheque uitschrijven	чек жазу	[ʧek ʒazw]
chequeboekje (het)	чек кітапшасы	[ʧek kıtapʃası]
portefeuille (de)	әмиян	[æmıjan]
geldbeugel (de)	әмиян	[æmıjan]
portemonnee (de)	әмиян	[æmıjan]
safe (de)	жағдан	[ʒaɣdan]
erfgenaam (de)	мұрагер	[mʊrager]
erfenis (de)	мұра	[mʊra]
fortuin (het)	дәулет	[dæwlet]
huur (de)	жалгерлік	[ʒalgerlık]
huurprijs (de)	пәтер ақы	[pæter aqı]
huren (huis, kamer)	жалға алу	[ʒalɣa alw]
prijs (de)	баға	[baɣa]
kostprijs (de)	баға	[baɣa]

som (de)	сома	[sɔma]
uitgeven (geld besteden)	шығын қылу	[ʃɪɣɪn qɪlw]
kosten (mv.)	шығындар	[ʃɪɣɪndar]
bezuinigen (ww)	үнемдеу	[junemdew]
zuinig (bn)	үнемді	[junemdɪ]

betalen (ww)	төлеу	[tølew]
betaling (de)	төлем-ақы	[tølem aqɪ]
wisselgeld (het)	қайыру	[qajɪrw]

belasting (de)	салық	[salɪq]
boete (de)	айыппұл	[ajɪppʊl]
beboeten (bekeuren)	айып салу	[ajɪp salw]

42. Post. Postkantoor

postkantoor (het)	пошта	[pɔʃta]
post (de)	пошта, хат және	[pɔʃta], [hat ʒæne]
postbode (de)	пошташы	[pɔʃtaʃɪ]
openingsuren (mv.)	жұмыс сағаттары	[ʒumɪs saɣattarɪ]

brief (de)	хат	[hat]
aangetekende brief (de)	тапсырыс хат	[tapsɪrɪs hat]
briefkaart (de)	ашық хат	[aʃɪq hat]
telegram (het)	жеделхат	[ʒedelhat]
postpakket (het)	сәлемдеме	[sælemdeme]
overschrijving (de)	ақша аударылымы	[aqʃa awdarɪlɪmɪ]

ontvangen (ww)	алу	[alw]
sturen (zenden)	жіберу	[ʒɪberw]
verzending (de)	жөнелту	[ʒøneltw]

adres (het)	мекен жай	[meken ʒaj]
postcode (de)	индекс	[ɪndeks]
verzender (de)	жөнелтуші	[ʒøneltwʃɪ]
ontvanger (de)	алушы	[alwʃɪ]
naam (de)	ат	[at]
achternaam (de)	фамилия	[famɪlɪja]

tarief (het)	тариф	[tarɪf]
standaard (bn)	кәдімгі	[kædɪmgɪ]
zuinig (bn)	үнемді	[junemdɪ]

gewicht (het)	салмақ	[salmaq]
afwegen (op de weegschaal)	өлшеу	[ølʃæw]
envelop (de)	конверт	[kɔnwert]
postzegel (de)	марка	[marka]

43. Bankieren

bank (de)	банк	[baŋk]
bankfiliaal (het)	бөлімше	[bølɪmʃæ]

bankbediende (de)	кеңесші	[keŋesʃı]
manager (de)	басқарушы	[basqarwʃı]
bankrekening (de)	шот	[ʃot]
rekeningnummer (het)	шот нөмірі	[ʃot nømırı]
lopende rekening (de)	ағымдағы есепшот	[aɣımdaɣı esepʃot]
spaarrekening (de)	жинақтаушы шот	[ʒınaqtawʃı ʃot]
een rekening openen	шот ашу	[ʃot aʃw]
de rekening sluiten	шот жабу	[ʃot ʒabw]
op rekening storten	шотқа салу	[ʃotqa salw]
opnemen (ww)	шоттан алу	[ʃottan alw]
storting (de)	салым	[salım]
een storting maken	салым жасау	[salım ʒasaw]
overschrijving (de)	аударылым	[awdarılım]
een overschrijving maken	аударылым жасау	[awdarılım ʒasaw]
som (de)	сома	[soma]
Hoeveel?	Қанша?	[qanʃa]
handtekening (de)	қол таңба	[qol taŋba]
ondertekenen (ww)	қол қою	[qol qoju]
kredietkaart (de)	кредиттік карта	[kredıttık karta]
code (de)	код	[kod]
kredietkaartnummer (het)	кредиттік картаның нөмірі	[kredıttık kartanıŋ nømırı]
geldautomaat (de)	банкомат	[baŋkomat]
cheque (de)	чек	[tʃek]
een cheque uitschrijven	чек жазу	[tʃek ʒazw]
chequeboekje (het)	чек кітапшасы	[tʃek kıtapʃası]
lening, krediet (de)	несие	[nesıe]
een lening aanvragen	несие жайында өтінішпен бару	[nesıe ʒajında øtınıʃpen barw]
een lening nemen	несие алу	[nesıe alw]
een lening verlenen	несие беру	[nesıe berw]
garantie (de)	кепілдеме	[kepıldeme]

44. Telefoon. Telefoongesprek

telefoon (de)	телефон	[telefon]
mobieltje (het)	ұялы телефон	[ujalı telefon]
antwoordapparaat (het)	автожауапшы	[avtoʒawapʃı]
bellen (ww)	қоңырау шалу	[qoŋıraw ʃalw]
belletje (telefoontje)	қоңырау	[qoŋıraw]
een nummer draaien	нөмірді теру	[nømırdı terw]
Hallo!	Алло!	[allo]
vragen (ww)	сұрау	[suraw]
antwoorden (ww)	жауап беру	[ʒawap berw]

horen (ww)	есту	[estw]
goed (bw)	жақсы	[ʒaqsɪ]
slecht (bw)	жаман	[ʒaman]
storingen (mv.)	бөгеттер	[bøgetter]

hoorn (de)	трубка	[trwbka]
opnemen (ww)	трубканы алу	[trwbkanɪ alw]
ophangen (ww)	трубканы салу	[trwbkanɪ salw]

bezet (bn)	бос емес	[bɔs emes]
overgaan (ww)	шылдырлау	[ʃɪldɪrlaw]
telefoonboek (het)	телефон кітабы	[telefɔn kɪtabɪ]

lokaal (bn)	жергілікті	[ʒergɪlɪktɪ]
interlokaal (bn)	қалааралық	[qala:ralɪq]
buitenlands (bn)	халықаралық	[halɪqaralɪq]

45. Mobiele telefoon

mobieltje (het)	ұялы телефон	[ujalɪ telefɔn]
scherm (het)	дисплей	[dɪsplej]
toets, knop (de)	түйме	[tyjme]
simkaart (de)	SIM-карта	[sɪm karta]

batterij (de)	батарея	[batareja]
leeg zijn (ww)	тогынан айырылу	[tɔgɪnan ajɪrɪlw]
acculader (de)	зарядттау құрылғысы	[zarʲadttaw qurɪlɣɪsɪ]

menu (het)	меню	[meny]
instellingen (mv.)	қалпына келтіру	[qalpɪna keʎtɪrw]
melodie (beltoon)	әуен	[æwen]
selecteren (ww)	таңдау	[taŋdaw]

rekenmachine (de)	калькулятор	[kaʎkwʎatɔr]
voicemail (de)	автожауапшы	[avtɔʒawapʃɪ]
wekker (de)	оятар	[ɔjatar]
contacten (mv.)	телефон кітабы	[telefɔn kɪtabɪ]

| SMS-bericht (het) | SMS-хабарлама | [esɛmɛs habarlama] |
| abonnee (de) | абонент | [abɔnent] |

46. Schrijfbehoeften

| balpen (de) | автоқалам | [avtɔqalam] |
| vulpen (de) | қаламұш | [qalamuʃ] |

potlood (het)	қарындаш	[qarɪndaʃ]
marker (de)	маркер	[marker]
viltstift (de)	фломастер	[flɔmaster]

| notitieboekje (het) | блокнот | [blɔknɔt] |
| agenda (boekje) | күнделік | [kyndelɪk] |

liniaal (de/het)	сызғыш	[sızɣıʃ]
rekenmachine (de)	калькулятор	[kaʎkwʎatɔr]
gom (de)	өшіргіш	[øʃırgıʃ]
punaise (de)	жапсырма шеге	[ʒapsırma ʃæge]
paperclip (de)	қыстырғыш	[qıstırɣıʃ]
lijm (de)	желім	[ʒɛlım]
nietmachine (de)	степлер	[stepler]
perforator (de)	тескіш	[teskıʃ]
potloodslijper (de)	қайрағыш	[qajraɣıʃ]

47. Vreemde talen

taal (de)	тіл	[tıʎ]
vreemd (bn)	шетелдік	[ʃæteldık]
vreemde taal (de)	зерттеу	[zerttew]
leren (bijv. van buiten ~)	үйрену	[jujrenw]
lezen (ww)	оқу	[ɔqw]
spreken (ww)	сөйлеу	[søjlew]
begrijpen (ww)	түсіну	[tysınw]
schrijven (ww)	жазу	[ʒazw]
snel (bw)	тез	[tez]
langzaam (bw)	баяу	[bajaw]
vloeiend (bw)	еркін	[erkın]
regels (mv.)	ережелер	[ereʒeler]
grammatica (de)	грамматика	[grammatıka]
vocabulaire (het)	лексика	[leksıka]
fonetiek (de)	фонетика	[fɔnetıka]
leerboek (het)	оқулық	[ɔkwlıq]
woordenboek (het)	сөздік	[søzdık]
leerboek (het) voor zelfstudie	өздігінен үйреткіш	[øzdıgınen jujretkıʃ]
taalgids (de)	тілашар	[tılaʃar]
cassette (de)	кассета	[kasseta]
videocassette (de)	бейнетаспа	[bejnetaspa]
CD (de)	CD, компакт-дискі	[sı dı], [kɔmpakt dıskı]
DVD (de)	DVD	[dıwıdı]
alfabet (het)	алфавит	[alfawıt]
spellen (ww)	әріптер бойынша айту	[ærıpter bojınʃa ajtw]
uitspraak (de)	айтылыс	[ajtılıs]
accent (het)	акцент	[aktsent]
met een accent (bw)	акцентпен	[aktsentpen]
zonder accent (bw)	акцентсіз	[aktsentsız]
woord (het)	сөз	[søz]
betekenis (de)	мағына	[maɣına]
cursus (de)	курстар	[kwrstar]
zich inschrijven (ww)	жазылу	[ʒazılw]

leraar (de)	оқытушы	[ɔqɪtwʃɪ]
vertaling (een ~ maken)	аудару	[awdɑrw]
vertaling (tekst)	аударма	[awdɑrmɑ]
vertaler (de)	аударушы	[awdɑrwʃɪ]
tolk (de)	аударушы	[awdɑrwʃɪ]
polyglot (de)	көп тіл білгіш	[køp tɪl bɪlgɪʃ]
geheugen (het)	ес	[es]

MAALTIJDEN. RESTAURANT

48. Tafelschikking

lepel (de)	қасық	[qasıq]
mes (het)	пышақ	[pıʃaq]
vork (de)	шанышқы	[ʃanıʃqı]
kopje (het)	шыныаяқ	[ʃınıajaq]
bord (het)	тәрелке	[tærelke]
schoteltje (het)	табақша	[tabaqʃa]
servet (het)	майлық	[majlıq]
tandenstoker (de)	тіс тазартқыш	[tıs tazartqıʃ]

49. Restaurant

restaurant (het)	мейрамхана	[mejramhana]
koffiehuis (het)	кофехана	[kɔfehana]
bar (de)	бар	[bar]
tearoom (de)	шайхана	[ʃajhana]
kelner, ober (de)	даяшы	[dajaʃı]
serveerster (de)	даяшы	[dajaʃı]
barman (de)	бармен	[barmen]
menu (het)	мәзір	[mæzır]
wijnkaart (de)	шарап картасы	[ʃarap kartası]
een tafel reserveren	бронды үстел	[brɔndı justel]
gerecht (het)	тамақ	[tamaq]
bestellen (eten ~)	тапсырыс беру	[tapsırıs berw]
een bestelling maken	тапсырыс жасау	[tapsırıs ʒasaw]
aperitief (de/het)	аперитив	[aperıtıv]
voorgerecht (het)	дәмтатым	[dæmtatım]
dessert (het)	десерт	[desert]
rekening (de)	есеп	[esep]
de rekening betalen	есеп бойынша төлеу	[esep bɔjınʃa tølew]
wisselgeld teruggeven	төленгеннің артығын беру	[tøleŋeŋıŋ artıɣın berw]
fooi (de)	шайлық	[ʃajlıq]

50. Maaltijden

eten (het)	тамақ	[tamaq]
eten (ww)	жеу	[ʒew]

ontbijt (het)	ертеңгілік тамақ	[erteŋgılık tamaq]
ontbijten (ww)	ертеңгі тамақты ішу	[erteŋgı tamaqtı ıʃw]
lunch (de)	түскі тамақ	[tyskı tamaq]
lunchen (ww)	түскі тамақ жеу	[tyskı tamaq ʒew]
avondeten (het)	кешкі тамақ	[keʃkı tamaq]
souperen (ww)	кешкі тамақ ішу	[keʃkı tamaq ıʃw]

| eetlust (de) | тәбет | [tæbet] |
| Eet smakelijk! | Ас болсын! | [as bɔlsın] |

openen (een fles ~)	аш	[aʃ]
morsen (koffie, enz.)	төгу	[tøgw]
zijn gemorst	төгілу	[tøgılw]

koken (water kookt bij 100°C)	қайнау	[qajnaw]
koken (Hoe om water te ~)	қайнату	[qajnatw]
gekookt (~ water)	қайнатылған	[qajnatılɣan]
afkoelen (koeler maken)	салқындату	[salqındatw]
afkoelen (koeler worden)	салқындау	[salqındaw]

| smaak (de) | талғам | [talɣam] |
| nasmaak (de) | татым | [tatım] |

volgen een dieet	арықтау	[arıqtaw]
dieet (het)	диета	[dıeta]
vitamine (de)	дәрумен	[dærwmen]
calorie (de)	калория	[kalɔrıja]
vegetariër (de)	вегетариан	[wegetarıan]
vegetarisch (bn)	вегетариандық	[wegetarıandıq]

vetten (mv.)	майлар	[majlar]
eiwitten (mv.)	ақуыз	[aqwız]
koolhydraten (mv.)	көміртегі	[kømırtegı]
snede (de)	тілім	[tılım]
stuk (bijv. een ~ taart)	кесек	[kesek]
kruimel (de)	үзім	[juzım]

51. Bereide gerechten

gerecht (het)	тағам	[taɣam]
keuken (bijv. Franse ~)	ұлттық тағамдар	[ulttıq taɣamdar]
recept (het)	рецепт	[retsept]
portie (de)	мөлшер	[mølʃær]

| salade (de) | салат | [salat] |
| soep (de) | көже | [køʒe] |

bouillon (de)	сорпа	[sɔrpa]
boterham (de)	бутерброд	[bwterbrɔd]
spiegelei (het)	қуырылған жұмыртқа	[qwırılɣan ʒumırtqa]

hamburger (de)	котлет	[kɔtlet]
hamburger (de)	гамбургер	[gambwrger]
biefstuk (de)	бифштекс	[bıfʃteks]

hutspot (de)	қуырдақ	[qwɪrdaq]
garnering (de)	гарнир	[garnɪr]
spaghetti (de)	спагетти	[spagettɪ]
aardappelpuree (de)	картоп езбесі	[kartɔp ezbesɪ]
pizza (de)	пицца	[pɪtsa]
pap (de)	ботқа	[botqa]
omelet (de)	омлет	[ɔmlet]

gekookt (in water)	пісірілген	[pɪsɪrɪlgen]
gerookt (bn)	ысталған	[ɪstalɣan]
gebakken (bn)	қуырылған	[qwɪrɪlɣan]
gedroogd (bn)	кептірілген	[keptɪrɪlgen]
diepvries (bn)	мұздатылған	[mʊzdatɪlɣan]
gemarineerd (bn)	маринадталған	[marɪnadtalɣan]

zoet (bn)	тәтті	[tættɪ]
gezouten (bn)	тұзды	[tʊzdɪ]
koud (bn)	суық	[swɪq]
heet (bn)	ыстық	[ɪstɪq]
bitter (bn)	ащы	[aɕɪ]
lekker (bn)	дәмді	[dæmdɪ]

koken (in kokend water)	пісіру	[pɪsɪrw]
bereiden (avondmaaltijd ~)	әзірлеу	[æzɪrlew]
bakken (ww)	қуыру	[qwɪrw]
opwarmen (ww)	ысыту	[ɪsɪtw]

zouten (ww)	тұздау	[tʊzdaw]
peperen (ww)	бұрыш салу	[bʊrɪʃ salw]
raspen (ww)	үйкеу	[jujkew]
schil (de)	қабық	[qabɪq]
schillen (ww)	аршу	[arʃw]

52. Voedsel

vlees (het)	ет	[et]
kip (de)	тауық	[tawɪq]
kuiken (het)	балапан	[balapan]
eend (de)	үйрек	[jujrek]
gans (de)	қаз	[qaz]
wild (het)	құс	[qʊs]
kalkoen (de)	түйетауық	[tyjetawɪq]

varkensvlees (het)	шошқа еті	[ʃɔʃqa etɪ]
kalfsvlees (het)	бұзау еті	[bʊzaw etɪ]
schapenvlees (het)	қой еті	[qɔj etɪ]
rundvlees (het)	сиыр еті	[sɪːr etɪ]
konijnenvlees (het)	қоян еті	[qɔjan etɪ]

worst (de)	шұжық	[ʃʊʒɪq]
saucijs (de)	сосиска	[sɔsɪska]
spek (het)	бекон	[bekɔn]
ham (de)	ветчина	[wetʃɪna]
gerookte achterham (de)	сан ет	[san et]

paté, pastei (de)	бұқтырлған ет	[buqtırlɣan et]
lever (de)	бауыр	[bawır]
varkensvet (het)	тоң май	[toŋ maj]
gehakt (het)	турама	[twrama]
tong (de)	тіл	[tiʎ]
ei (het)	жұмыртқа	[ʒumırtqa]
eieren (mv.)	жұмыртқалар	[ʒumırtqalar]
eiwit (het)	ақуыз	[aqwız]
eigeel (het)	сарыуыз	[sarıwız]
vis (de)	балық	[balıq]
zeevruchten (mv.)	теңіз азығы	[teŋız azıɣı]
schaaldieren (mv.)	шаян тәрізділер	[ʃajan tærızdıler]
kaviaar (de)	уылдырық	[wıldırıq]
krab (de)	таңқышаян	[taŋqıʃajan]
garnaal (de)	асшаян	[asʃajan]
oester (de)	устрица	[wstrıtsa]
langoest (de)	лангуст	[laŋwst]
octopus (de)	сегізаяқ	[segızajaq]
inktvis (de)	кальмар	[kaʎmar]
steur (de)	бекіре еті	[bekıre etı]
zalm (de)	арқан балық	[arqan balıq]
heilbot (de)	палтус	[paltws]
kabeljauw (de)	нәлім	[nælım]
makreel (de)	скумбрия	[skwmbrıja]
tonijn (de)	тунец	[twnets]
paling (de)	жыланбалық	[ʒılanbalıq]
forel (de)	бахтах	[bahtah]
sardine (de)	сардина	[sardına]
snoek (de)	шортан	[ʃortan]
haring (de)	майшабақ	[majʃabaq]
brood (het)	нан	[nan]
kaas (de)	ірімшік	[ırımʃık]
suiker (de)	қант	[qant]
zout (het)	тұз	[tuz]
rijst (de)	күріш	[kyrıʃ]
pasta (de)	түтік кеспе	[tytık kespe]
noedels (mv.)	кеспе	[kespe]
boter (de)	сарымай	[sarımaj]
plantaardige olie (de)	өсімдік майы	[øsımdık majı]
zonnebloemolie (de)	күнбағыс майы	[kynbaɣıs majı]
margarine (de)	маргарин	[margarın]
olijven (mv.)	зәйтүн	[zæjtyn]
olijfolie (de)	зәйтүн майы	[zæjtyn majı]
melk (de)	сүт	[syt]
gecondenseerde melk (de)	қоюлатқан сүт	[qojulatqan syt]

yoghurt (de)	йогурт	[jogwrt]
zure room (de)	қаймақ	[qajmaq]
room (de)	кілегей	[kılegej]
mayonaise (de)	майонез	[majonez]
crème (de)	крем	[krem]
graan (het)	жарма	[ʒarma]
meel (het), bloem (de)	ұн	[ʊn]
conserven (mv.)	консервілер	[konservıler]
maïsvlokken (mv.)	жүгері жапалақтары	[ʒygeri ʒapalaqtarı]
honing (de)	бал	[bal]
jam (de)	джем	[dʒem]
kauwgom (de)	сағыз	[saɣız]

53. Drankjes

water (het)	су	[sw]
drinkwater (het)	ішетін су	[ıʃætın sw]
mineraalwater (het)	минералды су	[mıneraldı sw]
zonder gas	газсыз	[gazsız]
koolzuurhoudend (bn)	газдалған	[gazdalɣan]
bruisend (bn)	газдалған	[gazdalɣan]
IJs (het)	мұз	[mʊz]
met ijs	мұзбен	[mʊzben]
alcohol vrij (bn)	алкогольсыз	[alkɔgɔʎsız]
alcohol vrije drank (de)	алкогольсыз сусын	[alkɔgɔʎsız swsın]
frisdrank (de)	салқындататын сусын	[salqındatatın swsın]
limonade (de)	лимонад	[lımɔnad]
alcoholische dranken (mv.)	алкогольды ішімдіктер	[alkɔgɔʎdı ıʃımdıkter]
wijn (de)	шарап	[ʃarap]
witte wijn (de)	ақшарап	[aqʃarap]
rode wijn (de)	қызыл шарап	[qızıl ʃarap]
likeur (de)	ликер	[lıker]
champagne (de)	аққайнар	[aqqajnar]
vermout (de)	вермут	[wermwt]
whisky (de)	виски	[wıskı]
wodka (de)	арақ	[araq]
gin (de)	жын	[ʒın]
cognac (de)	коньяк	[kɔɲjak]
rum (de)	ром	[rɔm]
koffie (de)	кофе	[kɔfe]
zwarte koffie (de)	қара кофе	[qara kɔfe]
koffie (de) met melk	кофе сүтпен	[kɔfe sytpen]
cappuccino (de)	кофе кілегеймен	[kɔfe kılegejmen]
oploskoffie (de)	ерігіш кофе	[erıgıʃ kɔfe]
melk (de)	сүт	[syt]

| cocktail (de) | коктейль | [kɔktejʎ] |
| milkshake (de) | сүт коктейлі | [syt kɔktejlı] |

sap (het)	шырын	[ʃırın]
tomatensap (het)	қызанақ шырыны	[qızanaq ʃırını]
sinaasappelsap (het)	апельсин шырыны	[apeʎsın ʃırını]
vers geperst sap (het)	жаңа сығылған шырын	[ʒaŋa sıɣılɣan ʃırın]

bier (het)	сыра	[sıra]
licht bier (het)	ақшыл сыра	[aqʃıl sıra]
donker bier (het)	қараңғы сырасы	[qaraŋɣı sırası]

thee (de)	шай	[ʃaj]
zwarte thee (de)	қара шай	[qara ʃaj]
groene thee (de)	көк шай	[køk ʃaj]

54. Groenten

| groenten (mv.) | көкөністер | [køkønıster] |
| verse kruiden (mv.) | көкөніс | [køkønıs] |

tomaat (de)	қызанақ	[qızanaq]
augurk (de)	қияр	[qıjar]
wortel (de)	сәбіз	[sæbız]
aardappel (de)	картоп	[kartɔp]
ui (de)	пияз	[pıjaz]
knoflook (de)	сарымсақ	[sarımsaq]

kool (de)	қырыққабат	[qırıqqabat]
bloemkool (de)	түсті орамжапырақ	[tystı ɔramʒapıraq]
spruitkool (de)	брюсель орамжапырағы	[bryseʎ ɔramʒapıraɣı]
broccoli (de)	брокколи орамжапырағы	[brɔkkɔlı ɔramʒapıraɣı]

rode biet (de)	қызылша	[qızılʃa]
aubergine (de)	кәді	[kædı]
courgette (de)	кәдіш	[kædıʃ]
pompoen (de)	асқабақ	[asqabaq]
raap (de)	шалқан	[ʃalqan]

peterselie (de)	ақжелкен	[aqʒelken]
dille (de)	аскөк	[askøk]
sla (de)	салат	[salat]
selderij (de)	балдыркөк	[baldırkøk]
asperge (de)	ақтық	[aqtıq]
spinazie (de)	саумалдық	[sawmaldıq]

erwt (de)	ноқат	[nɔqat]
bonen (mv.)	ірі бұршақтар	[ırı bʊrʃaqtar]
maïs (de)	жүгері	[ʒygerı]
boon (de)	үрме бұршақ	[jurme bʊrʃaq]

peper (de)	бұрыш	[bʊrıʃ]
radijs (de)	шалғам	[ʃalɣam]
artisjok (de)	бөрікгүл	[børıkgyl]

55. Vruchten. Noten

vrucht (de)	жеміс	[ʒemɪs]
appel (de)	алма	[alma]
peer (de)	алмұрт	[almʊrt]
citroen (de)	лимон	[lɪmɔn]
sinaasappel (de)	апельсин	[apeʎsɪn]
aardbei (de)	құлпынай	[qʊlpɪnaj]

mandarijn (de)	мандарин	[mandarɪn]
pruim (de)	алхоры	[alhɔrɪ]
perzik (de)	шабдалы	[ʃabdalɪ]
abrikoos (de)	өрік	[ørɪk]
framboos (de)	таңқурай	[taŋqwraj]
ananas (de)	ананас	[ananas]

banaan (de)	банан	[banan]
watermeloen (de)	қарбыз	[qarbɪz]
druif (de)	жүзім	[ʒyzɪm]
zure kers (de)	кәдімгі шие	[kadɪmgɪ ʃie]
zoete kers (de)	қызыл шие	[qɪzɪl ʃie]
meloen (de)	қауын	[qawɪn]

grapefruit (de)	грейпфрут	[grejpfrwt]
avocado (de)	авокадо	[avɔkadɔ]
papaja (de)	папайя	[papaja]
mango (de)	манго	[maŋɔ]
granaatappel (de)	анар	[anar]

rode bes (de)	қызыл қарақат	[qɪzɪl qaraqat]
zwarte bes (de)	қара қарақат	[qara qaraqat]
kruisbes (de)	қарлыған	[qarlɪɣan]
bosbes (de)	қара жидек	[qara ʒɪdek]
braambes (de)	қожақат	[qɔʒaqat]

rozijn (de)	мейіз	[mejɪz]
vijg (de)	інжір	[ɪnʒɪr]
dadel (de)	құрма	[qʊrma]

pinda (de)	жержаңғақ	[ʒerʒaŋɣaq]
amandel (de)	бадам	[badam]
walnoot (de)	жаңғақ	[ʒaŋɣaq]
hazelnoot (de)	ағаш жаңғағы	[aɣaʃ ʒaŋɣaɣɪ]
kokosnoot (de)	кокос жаңғақ	[kɔkɔs ʒaŋɣaq]
pistaches (mv.)	пісте	[pɪste]

56. Brood. Snoep

suikerbakkerij (de)	кондитер бұйымдары	[kɔndɪter bʊjɪmdarɪ]
brood (het)	нан	[nan]
koekje (het)	печенье	[petʃenje]
chocolade (de)	шоколад	[ʃɔkɔlad]
chocolade- (abn)	шоколад	[ʃɔkɔlad]

snoepje (het)	кәмпит	[kæmpɪt]
cakeje (het)	тәтті тоқаш	[tættɪ tɔqaʃ]
taart (bijv. verjaardags~)	торт	[tɔrt]

| pastei (de) | бәліш | [bælɪʃ] |
| vulling (de) | салынды | [salɪndɪ] |

confituur (de)	қайнатпа	[qajnatpa]
marmelade (de)	мармелад	[marmelad]
wafel (de)	вафли	[vaflɪ]
IJsje (het)	балмұздақ	[balmʊzdaq]
pudding (de)	пудинг	[pwdɪŋ]

57. Kruiden

zout (het)	тұз	[tʊz]
gezouten (bn)	тұзды	[tʊzdɪ]
zouten (ww)	тұздау	[tʊzdaw]

zwarte peper (de)	қара бұрыш	[qara bʊrɪʃ]
rode peper (de)	қызыл бұрыш	[qɪzɪl bʊrɪʃ]
mosterd (de)	қыша	[qɪʃa]
mierikswortel (de)	түбіртамыр	[tybɪrtamɪr]

condiment (het)	дәмдеуіш	[dæmdewɪʃ]
specerij , kruiderij (de)	дәмдеуіш	[dæmdewɪʃ]
saus (de)	тұздық	[tʊzdɪq]
azijn (de)	сірке суы	[sɪrke swɪ]

anijs (de)	анис	[anɪs]
basilicum (de)	насыбайгүл	[nasɪbajgyl]
kruidnagel (de)	қалампыргүл	[qalampɪrgyl]
gember (de)	имбирь	[ɪmbɪrʲ]
koriander (de)	кориандр	[kɔrɪandr]
kaneel (de/het)	даршын	[darʃɪn]

sesamzaad (het)	күнжіт	[kynʒɪt]
laurierblad (het)	лавр жапырағы	[lavr ʒapɪraɣɪ]
paprika (de)	паприка	[paprɪka]
komijn (de)	зире	[zɪre]
saffraan (de)	бәйшешек	[bæjʃæʃæk]

PERSOONLIJKE INFORMATIE. FAMILIE

58. Persoonlijke informatie. Formulieren

naam (de)	есім	[esɪm]
achternaam (de)	тек	[tek]
geboortedatum (de)	туған күні	[twɣan kynɪ]
geboorteplaats (de)	туған жері	[twɣan ʒerɪ]
nationaliteit (de)	ұлт	[ʊlt]
woonplaats (de)	тұратын мекені	[tʊratɪn mekenɪ]
land (het)	ел	[el]
beroep (het)	мамандық	[mamandɪq]
geslacht (ov. het vrouwelijk ~)	жыныс	[ʒɪnɪs]
lengte (de)	бой	[bɔj]
gewicht (het)	салмақ	[salmaq]

59. Familieleden. Verwanten

moeder (de)	ана	[ana]
vader (de)	әке	[æke]
zoon (de)	ұл	[ʊl]
dochter (de)	қыз	[qɪz]
jongste dochter (de)	кіші қыз	[kɪʃɪ qɪz]
jongste zoon (de)	кіші ұл	[kɪʃɪ ʊl]
oudste dochter (de)	үлкен қыз	[juʎken qɪz]
oudste zoon (de)	үлкен ұл	[juʎken ʊl]
broer (de)	бауыр	[bawɪr]
oudere broer (de)	аға	[aɣa]
jongere broer (de)	іні	[ɪnɪ]
zuster (de)	қарындас	[qarɪndas]
oudere zuster (de)	апа	[apa]
jongere zuster (de)	сіңлі	[sɪŋlɪ]
neef (zoon van oom/tante)	немере аға	[nemere aɣa]
nicht (dochter van oom/tante)	немере әпке	[ne'mere apke]
mama (de)	апа	[apa]
papa (de)	әке	[æke]
ouders (mv.)	әке-шеше	[ækeʃæʃæ]
kind (het)	бала	[bala]
kinderen (mv.)	балалар	[balalar]
oma (de)	әже	[æʒe]
opa (de)	ата	[ata]

kleinzoon (de)	немере, жиен	[nemere], [ʒɪen]
kleindochter (de)	немере қыз, жиен қыз	[nemere qɪz], [ʒɪen qɪz]
kleinkinderen (mv.)	немерелер	[nemereler]

oom (de)	аға	[aɣa]
tante (de)	тәте	[tæte]
neef (zoon van broer/zus)	жиен, ини	[ʒɪen], [ɪnɪ]
nicht (dochter van broer/zus)	жиен	[ʒɪen]

schoonmoeder (de)	ене	[ene]
schoonvader (de)	қайын ата	[qajɪn ata]
schoonzoon (de)	жездей	[ʒezdej]
stiefmoeder (de)	өгей ана	[øgej ana]
stiefvader (de)	өгей әке	[øgej æke]

zuigeling (de)	емшек баласы	[emʃæk balasɪ]
wiegenkind (het)	бөбек	[bøbek]
kleuter (de)	бөбек	[bøbek]

vrouw (de)	әйел	[æjel]
man (de)	еркек	[erkek]
echtgenoot (de)	күйеу	[kyjew]
echtgenote (de)	әйел	[æjel]

gehuwd (mann.)	үйленген	[jujleŋen]
gehuwd (vrouw.)	күйеуге шыққан	[kyjewge ʃɪqqan]
ongehuwd (mann.)	бойдақ	[bojdaq]
vrijgezel (de)	бойдақ	[bojdaq]
gescheiden (bn)	ажырасқан	[aʒɪrasqan]
weduwe (de)	жесір әйел	[ʒesɪr æjel]
weduwnaar (de)	тұл ер адам	[tʊl er adam]

familielid (het)	туысқан	[twɪsqan]
dichte familielid (het)	жақын туысқан	[ʒaqɪn twɪsqan]
verre familielid (het)	алыс ағайын	[alɪs aɣajɪn]
familieleden (mv.)	туған-туысқандар	[twɣantwɪsqandar]

wees (de), weeskind (het)	жетім бала	[ʒetɪm bala]
voogd (de)	қамқоршы	[qamqorʃɪ]
adopteren (een jongen te ~)	бала қылып алу	[bala qɪlɪp alw]
adopteren (een meisje te ~)	қыз етіп асырап алу	[qɪz etɪp asɪrap alw]

60. Vrienden. Collega's

vriend (de)	дос	[dɔs]
vriendin (de)	құрбы	[qʊrbɪ]
vriendschap (de)	достық	[dɔstɪq]
bevriend zijn (ww)	достасу	[dɔstasw]

makker (de)	дос	[dɔs]
vriendin (de)	құрбы	[qʊrbɪ]
partner (de)	серіктес	[serɪktes]
chef (de)	бастық	[bastɪq]
baas (de)	бастық	[bastɪq]

ondergeschikte (de)	**бағынышты адам**	[baɣınıʃtı adam]
collega (de)	**еңбектес**	[eŋbektes]
kennis (de)	**таныс**	[tanıs]
medereiziger (de)	**жолserik**	[ʒolserık]
klasgenoot (de)	**сыныптас**	[sınıptas]
buurman (de)	**көрші**	[kørʃı]
buurvrouw (de)	**көрші**	[kørʃı]
buren (mv.)	**көршілер**	[kørʃı ler]

MENSELIJK LICHAAM. GENEESKUNDE

61. Hoofd

hoofd (het)	бас	[bas]
gezicht (het)	бет	[bet]
neus (de)	мұрын	[mʊrɪn]
mond (de)	ауыз	[awɪz]
oog (het)	көз	[køz]
ogen (mv.)	көз	[køz]
pupil (de)	қарашық	[qaraʃɪq]
wenkbrauw (de)	қас	[qas]
wimper (de)	кірпік	[kɪrpɪk]
ooglid (het)	қабақ	[qabaq]
tong (de)	тіл	[tɪʎ]
tand (de)	тіс	[tɪs]
lippen (mv.)	ерін	[erɪn]
jukbeenderen (mv.)	бет cүегі	[bet syegɪ]
tandvlees (het)	қызыл иек	[qɪzɪl ɪek]
gehemelte (het)	таңдай	[taŋdaj]
neusgaten (mv.)	танауы	[tanawɪ]
kin (de)	иек	[ɪek]
kaak (de)	жақ	[ʒaq]
wang (de)	ұрт	[ʊrt]
voorhoofd (het)	маңдай	[maŋdaj]
slaap (de)	самай	[samaj]
oor (het)	құлақ	[qʊlaq]
achterhoofd (het)	желке	[ʒelke]
hals (de)	мойын	[mɔjɪn]
keel (de)	тамақ	[tamaq]
haren (mv.)	шаш	[ʃaʃ]
kapsel (het)	сәнденген шаш	[sændeŋen ʃaʃ]
haarsnit (de)	сәндеп қиылған шаш	[sændep qɪːlɣan ʃaʃ]
pruik (de)	жасанды шаш	[ʒasandɪ ʃaʃ]
snor (de)	мұрт	[mʊrt]
baard (de)	сақал	[saqal]
dragen (een baard, enz.)	өсіру	[øsɪrw]
vlecht (de)	бұрым	[bʊrɪm]
bakkebaarden (mv.)	жақ сақал	[ʒaq saqal]
ros (roodachtig, rossig)	жирен	[ʒɪren]
grijs (~ haar)	ақ шашты	[aq ʃaʃtɪ]
kaal (bn)	тақыр	[taqɪr]
kale plek (de)	бастың қасқасы	[bastɪŋ qasqasɪ]

paardenstaart (de)	**құйыршық**	[qwjɪrʃɪq]
pony (de)	**кекіл**	[kekɪl]

62. Menselijk lichaam

hand (de)	**шашақ**	[ʃaʃaq]
arm (de)	**қол**	[qol]

vinger (de)	**саусақ**	[sawsaq]
duim (de)	**бас бармақ**	[bas barmaq]
pink (de)	**шынашақ**	[ʃinaʃaq]
nagel (de)	**тырнақ**	[tɪrnaq]

vuist (de)	**жұдырық**	[ʒʊdɪrɪq]
handpalm (de)	**алақан**	[alaqan]
pols (de)	**білезік сүйектер**	[bɪlezɪk syjekter]
voorarm (de)	**білек сүйектері**	[bɪlek syjekterɪ]
elleboog (de)	**шынтақ**	[ʃɪntaq]
schouder (de)	**иық**	[ɪːq]

been (rechter ~)	**аяқ**	[ajaq]
voet (de)	**табан**	[taban]
knie (de)	**тізе**	[tɪze]
kuit (de)	**балтыр**	[baltɪr]
heup (de)	**жая**	[ʒaja]
hiel (de)	**тақа**	[taqa]

lichaam (het)	**дене**	[dene]
buik (de)	**қарын**	[qarɪn]
borst (de)	**кеуде**	[kewde]
borst (de)	**емшек**	[emʃæk]
zijde (de)	**бүйір**	[byjɪr]
rug (de)	**арқа**	[arqa]
lage rug (de)	**белдеме**	[beldeme]
taille (de)	**бел**	[bel]

navel (de)	**кіндік**	[kɪndɪk]
billen (mv.)	**бөксе**	[bøkse]
achterwerk (het)	**бөксе**	[bøkse]

huidvlek (de)	**қал**	[qal]
tatoeage (de)	**татуировка**	[tatwɪrɔvka]
litteken (het)	**тыртық**	[tɪrtɪq]

63. Ziekten

ziekte (de)	**науқас**	[nawqas]
ziek zijn (ww)	**науқастану**	[nawqastanw]
gezondheid (de)	**денсаулық**	[densawlɪq]

snotneus (de)	**тұмау**	[tʊmaw]
angina (de)	**ангина**	[aŋɪna]

| verkoudheid (de) | суық тию | [swıq tıju] |
| verkouden raken (ww) | суық тигізіп алу | [swıq tıgızıp alw] |

bronchitis (de)	бронхит	[brɔnhıt]
longontsteking (de)	өкпенің талаурауы	[økpenıŋ talawrawı]
griep (de)	тұмау	[tumaw]

bijziend (bn)	алыстан көрмейтін	[alıstan kørmejtın]
verziend (bn)	алыс көргіш	[alıs kørgıʃ]
scheelheid (de)	шапыраш	[ʃapıraʃ]
scheel (bn)	шапыраш	[ʃapıraʃ]
grauwe staar (de)	шел	[ʃæl]
glaucoom (het)	глаукома	[glawkɔma]

beroerte (de)	инсульт	[ınswʌt]
hartinfarct (het)	инфаркт	[ınfarkt]
myocardiaal infarct (het)	миокард инфарктісі	[mıɔkard ınfarktısı]
verlamming (de)	сал	[sal]
verlammen (ww)	сал болу	[sal bɔlw]

allergie (de)	аллергия	[allergıja]
astma (de/het)	демікпе	[demıkpe]
diabetes (de)	диабет	[dıabet]

| tandpijn (de) | тіс ауруы | [tıs awrwı] |
| tandbederf (het) | тістотық | [tıstotıq] |

diarree (de)	іш ауру	[ıʃ awrw]
constipatie (de)	іш қату	[ıʃ qatw]
maagstoornis (de)	асқазанның бұзылуы	[asqazaŋıŋ buzılwı]
voedselvergiftiging (de)	улану	[wlanw]
voedselvergiftiging oplopen	улану	[wlanw]

artritis (de)	шорбуын	[ʃɔrbwın]
rachitis (de)	итауру	[ıtawrw]
reuma (het)	ревматизм	[revmatızm]
arteriosclerose (de)	умытшақтық	[wmıtʃaqtıq]

gastritis (de)	гастрит	[gastrıt]
blindedarmontsteking (de)	аппендицит	[appendıtsıt]
galblaasontsteking (de)	өт қабының қабынуы	[øt qabınıŋ qabınwı]
zweer (de)	ойық жара	[ɔjıq ʒara]

mazelen (mv.)	қызылша	[qızılʃa]
rodehond (de)	қызамық	[qızamıq]
geelzucht (de)	сарылық	[sarılıq]
leverontsteking (de)	бауыр қабынуы	[bawır qabınwı]

schizofrenie (de)	шизофрения	[ʃızɔfrenıja]
dolheid (de)	құтырғандық	[qutırɣandıq]
neurose (de)	невроз	[nevrɔz]
hersenschudding (de)	ми шақалауы	[mı ʃaqalawı]

kanker (de)	бейдауа	[bejdawa]
sclerose (de)	склероз	[sklerɔz]
multiple sclerose (de)	ұмытшақ склероз	[umıtʃaq sklerɔz]

alcoholisme (het)	маскүнемдік	[mɑskynemdık]
alcoholicus (de)	маскүнем	[mɑskynem]
syfilis (de)	сифилис	[sıfılıs]
AIDS (de)	ЖИТС	[ʒıts]

tumor (de)	ісік	[ısık]
koorts (de)	безгек	[bezgek]
malaria (de)	ұшық	[uʃıq]
gangreen (het)	гангрена	[gaŋrena]
zeeziekte (de)	теңіз ауруы	[teŋız awrwı]
epilepsie (de)	қояншық	[qojanʃıq]

epidemie (de)	жаппай ауру	[ʒappaj awrw]
tyfus (de)	кезік	[kezık]
tuberculose (de)	жегі	[ʒegı]
cholera (de)	тырысқақ	[tırısqaq]
pest (de)	мәлік	[mælık]

64. Symptomen. Behandelingen. Deel 1

symptoom (het)	белгі	[belgı]
temperatuur (de)	дене қызымы	[dene qızımı]
verhoogde temperatuur (de)	ыстығы котерілу	[ıstıɣı koterılw]
polsslag (de)	тамыр соғуы	[tamır soɣwı]

duizeling (de)	бас айналу	[bas ajnalw]
heet (erg warm)	ыстық	[ıstıq]
koude rillingen (mv.)	қалтырау	[qaltıraw]
bleek (bn)	өңсіз	[øŋsız]

hoest (de)	жөтел	[ʒøtel]
hoesten (ww)	жөтелу	[ʒøtelw]
niezen (ww)	түшкіру	[tyʃkırw]
flauwte (de)	талу	[talw]
flauwvallen (ww)	талып қалу	[talıp qalw]

blauwe plek (de)	когелген ет	[kɔgelgen et]
buil (de)	томпақ	[tompaq]
zich stoten (ww)	ұрыну	[urınw]
kneuzing (de)	жарақат	[ʒaraqat]
kneuzen (gekneusd zijn)	зақымдану	[zaqımdanw]

hinken (ww)	ақсаңдау	[aqsaŋdaw]
verstuiking (de)	буынын шығару	[bwının ʃıɣarw]
verstuiken (enkel, enz.)	шығып кету	[ʃıɣıp ketw]
breuk (de)	сыну	[sınw]
een breuk oplopen	сындырып алу	[sındırıp alw]

snijwond (de)	жара	[ʒara]
zich snijden (ww)	кесу	[kesw]
bloeding (de)	қан кету	[qan ketw]

| brandwond (de) | күйген жер | [kyjgen ʒer] |
| zich branden (ww) | күю | [kuju] |

prikken (ww)	шаншу	[ʃanʃw]
zich prikken (ww)	шаншылу	[ʃanʃɪlw]
blesseren (ww)	зақымдау	[zaqɪmdaw]
blessure (letsel)	зақым	[zaqɪm]
wond (de)	жарақат	[ʒaraqat]
trauma (het)	жарақат	[ʒaraqat]

IJlen (ww)	еліру	[elɪrw]
stotteren (ww)	тұтығу	[tʊtɪɣw]
zonnesteek (de)	басынан күн өту	[basɪnan kyn øtw]

65. Symptomen. Behandelingen. Deel 2

| pijn (de) | ауру | [awrw] |
| splinter (de) | тікен | [tɪken] |

zweet (het)	тер	[ter]
zweten (ww)	терлеу	[terlew]
braking (de)	құсық	[qʊsɪq]
stuiptrekkingen (mv.)	түйілу	[tyjɪlw]

zwanger (bn)	жүкті	[ʒyktɪ]
geboren worden (ww)	туу	[tww]
geboorte (de)	босану	[bɔsanw]
baren (ww)	босану	[bɔsanw]
abortus (de)	түсік	[tysɪk]

ademhaling (de)	дем	[dem]
inademing (de)	дем тарту	[dem tartw]
uitademing (de)	дем шығару	[dem ʃɪɣarw]
uitademen (ww)	дем шығару	[dem ʃɪɣarw]
inademen (ww)	дем тарту	[dem tartw]
invalide (de)	мүгедек	[mygedek]
gehandicapte (de)	мүгедек	[mygedek]
drugsverslaafde (de)	нашақор	[naʃaqɔr]

doof (bn)	саңырау	[saŋɪraw]
stom (bn)	мылқау	[mɪlqaw]
doofstom (bn)	керең-мылқау	[kereŋ mɪlqaw]

krankzinnig (bn)	есуас	[eswas]
krankzinnige (man)	жынды	[ʒɪndɪ]
krankzinnige (vrouw)	жынды	[ʒɪndɪ]
krankzinnig worden	ақылдан айрылу	[aqɪldan ajrɪlw]

gen (het)	ген	[gen]
immuniteit (de)	иммунитет	[ɪmmwnɪtet]
erfelijk (bn)	мұралық	[mʊralɪq]
aangeboren (bn)	туа біткен ауру	[twa bɪtken awrw]

virus (het)	вирус	[wɪrws]
microbe (de)	микроб	[mɪkrɔb]
bacterie (de)	бактерия	[bakterɪja]
infectie (de)	індет	[ɪndet]

66. Symptomen. Behandelingen. Deel 3

ziekenhuis (het)	емхана	[emhana]
patiënt (de)	емделуші	[emdelwʃɪ]
diagnose (de)	диагноз	[dɪagnɔz]
genezing (de)	емдеу	[emdew]
medische behandeling (de)	емдеу	[emdew]
onder behandeling zijn	емделу	[emdelw]
behandelen (ww)	емдеу	[emdew]
zorgen (zieken ~)	бағып-қағу	[baɣɪp qaɣw]
ziekenzorg (de)	бағып-қағу	[baɣɪp qaɣw]
operatie (de)	операция	[ɔperatsɪja]
verbinden (een arm ~)	матау	[mataw]
verband (het)	таңу	[taŋw]
vaccin (het)	екпе	[ekpe]
inenten (vaccineren)	егу	[egw]
injectie (de)	шаншу	[ʃanʃw]
een injectie geven	шаншу	[ʃanʃw]
amputatie (de)	ампутация	[ampwtatsɪja]
amputeren (ww)	ампутациялау	[ampwtatsɪjalaw]
coma (het)	кома	[kɔma]
in coma liggen	комада болу	[kɔmada bɔlw]
intensieve zorg, ICU (de)	реанимация	[reanɪmatsɪja]
zich herstellen (ww)	жазыла бастау	[ʒazɪla bastaw]
toestand (de)	хал	[hal]
bewustzijn (het)	ақыл-ой	[aqɪl ɔj]
geheugen (het)	ес	[es]
trekken (een kies ~)	жұлу	[ʒʊlw]
vulling (de)	пломба	[plɔmba]
vullen (ww)	пломба салу	[plɔmba salw]
hypnose (de)	гипноз	[gɪpnɔz]
hypnotiseren (ww)	гипноздау	[gɪpnɔzdaw]

67. Geneeskunde. Medicijnen. Accessoires

geneesmiddel (het)	дәрі	[dærɪ]
middel (het)	дауа	[dawa]
voorschrijven (ww)	дәрі жазып беру	[dærɪ ʒazɪp berw]
recept (het)	рецепт	[retsept]
tablet (de/het)	дәрі	[dærɪ]
zalf (de)	май	[maj]
ampul (de)	ампула	[ampwla]
drank (de)	микстура	[mɪkstwra]
siroop (de)	шәрбат	[ʃærbat]
pil (de)	домалақ дәрі	[dɔmalaq dærɪ]

poeder (de/het)	ұнтақ	[ʊntaq]
verband (het)	бинт	[bɪnt]
watten (mv.)	мақта	[maqta]
jodium (het)	йод	[jod]

pleister (de)	лейкопластырь	[lejkɔplastɪrʲ]
pipet (de)	тамызғыш	[tamɪzɣɪʃ]
thermometer (de)	градусник	[gradwsnɪk]
spuit (de)	шприц	[ʃprɪʦ]

| rolstoel (de) | мүгедек күймесі | [mygedek kyjmesɪ] |
| krukken (mv.) | балдақтар | [baldaqtar] |

pijnstiller (de)	ауыруды сездірмейтін дәрі	[awɪrwdɪ sezdɪrmejtɪn dærɪ]
laxeermiddel (het)	іш өткізгіш дәрі	[ɪʃ øtkɪzgɪʃ dærɪ]
spiritus (de)	спирт	[spɪrt]
medicinale kruiden (mv.)	шөп	[ʃøp]
kruiden- (abn)	шөпті	[ʃøptɪ]

APPARTEMENT

68. Appartement

appartement (het)	пәтер	[pæter]
kamer (de)	бөлме	[bølme]
slaapkamer (de)	жатаржай	[ʒatarʒaj]
eetkamer (de)	асхана	[ashana]
salon (de)	қонақхана	[qonaqhana]
studeerkamer (de)	кабинет	[kabınet]
gang (de)	ауыз үй	[awız juj]
badkamer (de)	жуынатын бөлме	[ʒwınatın bølme]
toilet (het)	әжетхана	[æʒethana]
plafond (het)	төбе	[tøbe]
vloer (de)	еден	[eden]
hoek (de)	бөлменің бұрышы	[bølmenıŋ burıʃı]

69. Meubels. Interieur

meubels (mv.)	жиһаз	[ʒıhaz]
tafel (de)	үстел	[justel]
stoel (de)	орындық	[orındıq]
bed (het)	төсек	[tøsek]
bankstel (het)	диван	[dıvan]
fauteuil (de)	кресло	[kreslɔ]
boekenkast (de)	шкаф	[ʃkaf]
boekenrek (het)	өре	[øre]
stellingkast (de)	этажерка	[ɛtaʒerka]
kledingkast (de)	шкаф	[ʃkaf]
kapstok (de)	ілгіш	[ıʌgıʃ]
staande kapstok (de)	ілгіш	[ıʌgıʃ]
commode (de)	комод	[kɔmɔd]
salontafeltje (het)	шағын үстелше	[ʃaɣın justeʌʃæ]
spiegel (de)	айна	[ajna]
tapijt (het)	кілем	[kılem]
tapijtje (het)	кілемше	[kılemʃæ]
haard (de)	камин	[kamın]
kaars (de)	шырақ	[ʃıraq]
kandelaar (de)	шамдал	[ʃamdal]
gordijnen (mv.)	перде	[perde]
behang (het)	түсқағаз	[tysqaɣaz]

jaloezie (de)	жалюзи	[ʒalyzı]
bureaulamp (de)	үстел шамы	[justel ʃamı]
wandlamp (de)	шырақ	[ʃıraq]
staande lamp (de)	сәнсәуле	[sænsæwle]
luchter (de)	люстра	[lystra]

poot (ov. een tafel, enz.)	аяқ	[ajaq]
armleuning (de)	шынтақша	[ʃıntaqʃa]
rugleuning (de)	арқалық	[arqalıq]
la (de)	жәшік	[ʒæʃık]

70. Beddengoed

beddengoed (het)	төсек-орын	[tøsek ɔrın]
kussen (het)	жастық	[ʒastıq]
kussenovertrek (de)	жастық тысы	[ʒastıq tısı]
deken (de)	көрпе	[kørpe]
laken (het)	ақжайма	[aqʒajma]
sprei (de)	жамылғы	[ʒamılɣı]

71. Keuken

keuken (de)	асүй	[asyj]
gas (het)	газ	[gaz]
gasfornuis (het)	газ плитасы	[gaz plıtası]
elektrisch fornuis (het)	электр плитасы	[ɛlektr plıtası]
oven (de)	духовка	[dwhɔvka]
magnetronoven (de)	шағын толқынды пеш	[ʃaɣın tɔlqındı peʃ]

koelkast (de)	тоңазытқыш	[tɔŋazıtqıʃ]
diepvriezer (de)	мұздатқыш	[mʊzdatqıʃ]
vaatwasmachine (de)	ыдыс-аяқ жуу машинасы	[ıdıs ajaq ʒww maʃınası]

vleesmolen (de)	еттартқыш	[ettartqıʃ]
vruchtenpers (de)	шырынсыққыш	[ʃırınsıqqıʃ]
toaster (de)	тостер	[tɔster]
mixer (de)	миксер	[mıkser]

koffiemachine (de)	кофеқайнатқы	[kɔfeqajnatqı]
koffiepot (de)	кофе шәйнек	[kɔfe ʃæjnek]
koffiemolen (de)	кофе ұнтақтағыш	[kɔfe untaqtaɣıʃ]

fluitketel (de)	шәйнек	[ʃæjnek]
theepot (de)	шәйнек	[ʃæjnek]
deksel (de/het)	жапқыш	[ʒapqıʃ]
theezeefje (het)	сүзгі	[syzgı]

lepel (de)	қасық	[qasıq]
theelepeltje (het)	шай қасық	[ʃaj qasıq]
eetlepel (de)	ас қасық	[as qasıq]
vork (de)	шанышқы	[ʃanıʃqı]
mes (het)	пышақ	[pıʃaq]

vaatwerk (het)	ыдыс	[ɪdɪs]
bord (het)	тәрелке	[tæerelke]
schoteltje (het)	табақша	[tabaqʃa]

likeurglas (het)	рөмке	[rømke]
glas (het)	стақан	[staqan]
kopje (het)	шыныаяқ	[ʃɪnɪajaq]

suikerpot (de)	қантсалғыш	[qantsalɣɪʃ]
zoutvat (het)	тұз сауыт	[tʊz sawɪt]
pepervat (het)	бұрыш салғыш	[bʊrɪʃ salɣɪʃ]
boterschaaltje (het)	майсауыт	[majsawɪt]

steelpan (de)	кастрөл	[kastrøl]
bakpan (de)	таба	[taba]
pollepel (de)	ожау	[ɔʒaw]
vergiet (de/het)	сүзекі	[syzekɪ]
dienblad (het)	табақ	[tabaq]

fles (de)	бөтелке	[bøteʌke]
glazen pot (de)	банкі	[baŋkɪ]
blik (conserven~)	банкі	[baŋkɪ]

flesopener (de)	ашқыш	[aʃqɪʃ]
blikopener (de)	ашқыш	[aʃqɪʃ]
kurkentrekker (de)	бұранда	[buranda]
filter (de/het)	сүзгіш	[syzgɪʃ]
filteren (ww)	сүзу	[syzw]

huisvuil (het)	қоқым-соқым	[qɔqɪm sɔqɪm]
vuilnisemmer (de)	қоқыс шелегі	[qɔqɪs ʃælegɪ]

72. Badkamer

badkamer (de)	жуынатын бөлме	[ʒwɪnatɪn bølme]
water (het)	су	[sw]
kraan (de)	шүмек	[ʃymek]
warm water (het)	ыстық су	[ɪstɪq sw]
koud water (het)	суық су	[swɪq sw]

tandpasta (de)	тіс пастасы	[tɪs pastasɪ]
tanden poetsen (ww)	тіс тазалау	[tɪs tazalaw]

zich scheren (ww)	қырыну	[qɪrɪnw]
scheercrème (de)	қырынуға арналған көбік	[qɪrɪnwɣa arnalɣan købɪk]
scheermes (het)	ұстара	[ʊstara]

wassen (ww)	жуу	[ʒww]
een bad nemen	жуыну	[ʒwɪnw]
douche (de)	душ	[dwʃ]
een douche nemen	душқа түсу	[dwʃqa tysw]

bad (het)	ванна	[vaŋa]
toiletpot (de)	унитаз	[wnɪtaz]

wastafel (de)	раковина	[rakɔwɪna]
zeep (de)	сабын	[sabɪn]
zeepbakje (het)	сабын салғыш	[sabɪn salɣɪʃ]

spons (de)	губка	[gwbka]
shampoo (de)	сусабын	[swsabɪn]
handdoek (de)	орамал	[ɔramal]
badjas (de)	шапан	[ʃapan]

was (bijv. handwas)	кір жуу	[kɪr ʒww]
wasmachine (de)	кіржуғыш машина	[kɪrʒwɣɪʃ maʃina]
de was doen	кір жуу	[kɪr ʒww]
waspoeder (de)	кір жуу ұнтағы	[kɪr ʒww ʊntaɣɪ]

73. Huishoudelijke apparaten

televisie (de)	теледидар	[teledɪdar]
cassettespeler (de)	магнитофон	[magnɪtɔfɔn]
videorecorder (de)	бейнемагнитофон	[bejnemagnɪtɔfɔn]
radio (de)	қабылдағыш	[qabɪldaɣɪʃ]
speler (de)	плеер	[ple:r]

videoprojector (de)	бейне проекторы	[bejne prɔektɔrɪ]
home theater systeem (het)	үй кинотеатры	[juj kɪnɔteatrɪ]
DVD-speler (de)	DVD ойнатқыш	[dɪwɪdɪ ɔjnatqɪʃ]
versterker (de)	күшейткіш	[kyʃæjtkɪʃ]
spelconsole (de)	ойын қосымшасы	[ɔjɪn qɔsɪmʃası]

videocamera (de)	бейнекамера	[bejnekamera]
fotocamera (de)	фотоаппарат	[fɔtɔapparat]
digitale camera (de)	цифрлы фотоаппарат	[tsɪfrlɪ fɔtɔapparat]

stofzuiger (de)	шаңсорғыш	[ʃaŋsɔrɣɪʃ]
strijkijzer (het)	үтік	[jutɪk]
strijkplank (de)	үтіктеу тақтасы	[jutɪktew taqtası]

telefoon (de)	телефон	[telefɔn]
mobieltje (het)	ұялы телефон	[ʊjalɪ telefɔn]
schrijfmachine (de)	жазу машинкасы	[ʒazw maʃiŋka]
naaimachine (de)	тігін машинкасы	[tɪgɪn maʃiŋkası]

microfoon (de)	микрофон	[mɪkrɔfɔn]
koptelefoon (de)	құлаққап	[qʊlaqqap]
afstandsbediening (de)	пульт	[pwʌt]

CD (de)	CD, компакт-дискі	[sɪ dɪ], [kɔmpakt dɪskɪ]
cassette (de)	кассета	[kasseta]
vinylplaat (de)	пластинка	[plastɪŋka]

DE AARDE. WEER

74. De kosmische ruimte

kosmos (de)	ғарыш	[ɣarɪʃ]
kosmisch (bn)	ғарыштық	[ɣarɪʃtɪq]
kosmische ruimte (de)	ғарыш кеңістігі	[ɣarɪʃ keŋɪstɪgɪ]
wereld (de), heelal (het)	әлем	[ælem]
sterrenstelsel (het)	галактика	[galaktɪka]
ster (de)	жұлдыз	[ʒʊldɪz]
sterrenbeeld (het)	шоқжұлдыз	[ʃoqʒʊldɪz]
planeet (de)	планета	[planeta]
satelliet (de)	серік	[serɪk]
meteoriet (de)	метеорит	[meteɔrɪt]
komeet (de)	комета	[kɔmeta]
asteroïde (de)	астероид	[asterɔid]
baan (de)	орбита	[ɔrbɪta]
draaien (om de zon, enz.)	айналу	[ajnalw]
atmosfeer (de)	атмосфера	[atmɔsfera]
Zon (de)	күн	[kyn]
zonnestelsel (het)	күн жүйесі	[kyn ʒyjesɪ]
zonsverduistering (de)	күн тұтылу	[kyn tʊtɪlw]
Aarde (de)	Жер	[ʒer]
Maan (de)	Ай	[aj]
Mars (de)	Марс	[mars]
Venus (de)	Венера	[wenera]
Jupiter (de)	Юпитер	[jupɪter]
Saturnus (de)	Сатурн	[satwrn]
Mercurius (de)	Меркурий	[merkwrɪj]
Uranus (de)	Уран	[wran]
Neptunus (de)	Нептун	[neptwn]
Pluto (de)	Плутон	[plwtɔn]
Melkweg (de)	Құс жолы	[qʊs ʒɔlɪ]
Grote Beer (de)	Жетіқарақшы	[ʒetɪqaraqʃɪ]
Poolster (de)	Темірқазық	[temɪrqazɪq]
marsmannetje (het)	марстық	[marstɪq]
buitenaards wezen (het)	басқа планеталық	[basqa planetalɪq]
bovenaards	келімсек	[kelɪmsek]
vliegende schotel (de)	ұшатын тәрелке	[ʊʃatɪn tærelke]
ruimtevaartuig (het)	ғарыш кемесі	[ɣarɪʃ kemesɪ]
ruimtestation (het)	орбиталық станция	[ɔrbɪtalɪq stantsɪja]

start (de)	старт	[start]
motor (de)	двигатель	[dwıgateʌ]
straalpijp (de)	қақпақ	[qaqpaq]
brandstof (de)	жанармай	[ʒanarmaj]

cabine (de)	кабина	[kabına]
antenne (de)	антенна	[anteŋa]
patrijspoort (de)	иллюминатор	[ıllymınatɔr]
zonnebatterij (de)	күн батареясы	[kyn batarejası]
ruimtepak (het)	скафандр	[skafandr]

gewichtloosheid (de)	салмақсыздық	[salmaqsızdıq]
zuurstof (de)	оттегі	[ɔttegı]

koppeling (de)	түйісу	[tyjısw]
koppeling maken	түйісу жасау	[tyjısw ʒasaw]

observatorium (het)	обсерватория	[ɔbservatɔrija]
telescoop (de)	телескоп	[teleskɔp]
waarnemen (ww)	бақылау	[baqılaw]
exploreren (ww)	зерттеу	[zerttew]

75. De Aarde

Aarde (de)	Жер	[ʒer]
aardbol (de)	жер шары	[ʒer ʃarı]
planeet (de)	ғаламшар	[ɣalamʃar]

atmosfeer (de)	атмосфера	[atmɔsfera]
aardrijkskunde (de)	география	[geɔgrafija]
natuur (de)	табиғат	[tabıɣat]

wereldbol (de)	глобус	[glɔbws]
kaart (de)	карта	[karta]
atlas (de)	атлас	[atlas]

Europa (het)	Еуропа	[ewrɔpa]
Azië (het)	Азия	[azıja]
Afrika (het)	Африка	[afrıka]
Australië (het)	Австралия	[awstralıja]

Amerika (het)	Америка	[amerıka]
Noord-Amerika (het)	Солтүстік Америка	[sɔltystık amerıka]
Zuid-Amerika (het)	Оңтүстік Америка	[ɔŋtystık amerıka]

Antarctica (het)	Антарктида	[antarktıda]
Arctis (de)	Арктика	[arktıka]

76. Windrichtingen

noorden (het)	солтүстік	[sɔltystık]
naar het noorden	солтүстікке	[sɔltystıkke]

| in het noorden | солтүстікте | [soltystıkte] |
| noordelijk (bn) | солтүстік | [soltystık] |

zuiden (het)	оңтүстік	[oŋtystık]
naar het zuiden	оңтүстікке	[oŋtystıkke]
in het zuiden	оңтүстікте	[oŋtystıkte]
zuidelijk (bn)	оңтүстік	[oŋtystık]

westen (het)	батыс	[batıs]
naar het westen	батысқа	[batısqa]
in het westen	батыста	[batısta]
westelijk (bn)	батыс	[batıs]

oosten (het)	шығыс	[ʃıɣıs]
naar het oosten	шығысқа	[ʃıɣısqa]
in het oosten	шығыста	[ʃıɣısta]
oostelijk (bn)	шығыс	[ʃıɣıs]

77. Zee. Oceaan

zee (de)	теңіз	[teŋız]
oceaan (de)	мұхит	[mʊhıt]
golf (baai)	шығанақ	[ʃıɣanaq]
straat (de)	бұғаз	[bʊɣaz]

grond (vaste grond)	жер	[ʒer]
continent (het)	материк	[materık]
eiland (het)	арал	[aral]
schiereiland (het)	түбек	[tybek]
archipel (de)	архипелаг	[arhıpelag]

baai, bocht (de)	айлақ	[ajlaq]
haven (de)	гавань	[gavaɲ]
lagune (de)	лагуна	[lagwna]
kaap (de)	мүйіс	[myjıs]

atol (de)	атолл	[atoll]
rif (het)	риф	[rıf]
koraal (het)	маржан	[marʒan]
koraalrif (het)	маржан риф	[marʒan rıf]

diep (bn)	терең	[tereŋ]
diepte (de)	тереңдік	[tereŋdık]
diepzee (de)	түпсіз	[typsız]
trog (bijv. Marianentrog)	шұқыр	[ʃʊqır]

| stroming (de) | ағын | [aɣın] |
| omspoelen (ww) | ұласу | [ʊlasw] |

| oever (de) | жаға | [ʒaɣa] |
| kust (de) | жағалау | [ʒaɣalaw] |

| vloed (de) | судың келуі | [swdıŋ kelwı] |
| eb (de) | судың қайтуы | [swdıŋ qajtwı] |

ondiepte (ondiep water)	барқын	[barqın]
bodem (de)	түп	[typ]
golf (hoge ~)	толқын	[tɔlqın]
golfkam (de)	толқынның жотасы	[tɔlqınıŋ ʒɔtası]
schuim (het)	көбік	[købık]
storm (de)	дауыл	[dawıl]
tsunami (de)	цунами	[tswnamı]
windstilte (de)	тымық	[tımıq]
kalm (bijv. ~e zee)	тынық	[tınıq]
pool (de)	полюс	[pɔlys]
polair (bn)	поляр	[pɔʎar]
breedtegraad (de)	ендік	[endık]
lengtegraad (de)	бойлық	[bɔjlıq]
parallel (de)	параллель	[paralleʎ]
evenaar (de)	экватор	[ɛkvatɔr]
hemel (de)	аспан	[aspan]
horizon (de)	көкжиек	[køkʒıek]
lucht (de)	ауа	[awa]
vuurtoren (de)	шамшырақ	[ʃamʃıraq]
duiken (ww)	сүңгу	[syŋgw]
zinken (ov. een boot)	батып кету	[batıp ketw]
schatten (mv.)	қазына	[qazına]

78. Namen van zeeën en oceanen

Atlantische Oceaan (de)	Атлант мұхиты	[atlant mʊhıtı]
Indische Oceaan (de)	Үнді мұхиті	[jundı mʊhıtı]
Stille Oceaan (de)	Тынық мұхит	[tınıq mʊhit]
Noordelijke IJszee (de)	Солтүстік мұзды мұхиті	[sɔltystık mʊzdı mʊhıtı]
Zwarte Zee (de)	Қара теңіз	[qara teŋız]
Rode Zee (de)	Қызыл теңіз	[qızıl teŋız]
Gele Zee (de)	Сары теңіз	[sarı teŋız]
Witte Zee (de)	Ақ теңіз	[aq teŋız]
Kaspische Zee (de)	Каспий теңізі	[kaspıj teŋızı]
Dode Zee (de)	Өлген теңіз	[ølgen teŋız]
Middellandse Zee (de)	Жерорта теңізі	[ʒerɔrta teŋızı]
Egeïsche Zee (de)	Эгей теңізі	[ɛgej teŋızı]
Adriatische Zee (de)	Адриатикалық теңіз	[adrıatıkalıq teŋız]
Arabische Zee (de)	Аравиялық теңіз	[arawıjalıq teŋız]
Japanse Zee (de)	Жапон теңізі	[ʒapɔn teŋızı]
Beringzee (de)	Беринг теңізі	[berıŋ teŋızı]
Zuid-Chinese Zee (de)	Оңтүстік-Қытай теңізі	[ɔŋtystık qıtaj teŋızı]
Koraalzee (de)	Маржан теңізі	[marʒan teŋızı]
Tasmanzee (de)	Тасман теңізі	[tasman teŋızı]

Caribische Zee (de)	Карибиялық теңіз	[karıbıjalıq teŋız]
Barentszzee (de)	Баренц теңізі	[barents teŋızı]
Karische Zee (de)	Карск теңізі	[karsk teŋızı]
Noordzee (de)	Солтүстік теңіз	[soltystık teŋız]
Baltische Zee (de)	Балтық теңізі	[baltıq teŋızı]
Noorse Zee (de)	Норвегиялық теңіз	[norwegıjalıq teŋız]

79. Bergen

berg (de)	тау	[taw]
bergketen (de)	тау тізбектері	[taw tızbekterı]
gebergte (het)	тау қырқасы	[taw qırqası]
bergtop (de)	шың	[ʃıŋ]
bergpiek (de)	шың	[ʃıŋ]
voet (ov. de berg)	етек	[etek]
helling (de)	бөктер	[bøkter]
vulkaan (de)	жанартау	[ʒanartaw]
actieve vulkaan (de)	сөнбеген жанартау	[sønbegen ʒanartaw]
uitgedoofde vulkaan (de)	сөнген жанартау	[søŋen ʒanartaw]
uitbarsting (de)	ақтарылу	[aqtarılw]
krater (de)	кратер	[krater]
magma (het)	магма	[magma]
lava (de)	лава	[lava]
gloeiend (~e lava)	қызған	[qızɣan]
kloof (canyon)	каньон	[kaɲ'on]
bergkloof (de)	басат	[basat]
spleet (de)	жарық	[ʒarıq]
bergpas (de)	асу	[asw]
plateau (het)	үстірт	[justırt]
klip (de)	жартас	[ʒartas]
heuvel (de)	белес	[beles]
gletsjer (de)	мұздық	[muzdıq]
waterval (de)	сарқырама	[sarqırama]
geiser (de)	гейзер	[gejzer]
meer (het)	көл	[køʎ]
vlakte (de)	жазық	[ʒazıq]
landschap (het)	пейзаж	[pejzaʒ]
echo (de)	жаңғырық	[ʒaŋɣırıq]
alpinist (de)	альпинист	[aʎpınıst]
bergbeklimmer (de)	жартасқа өрмелеуші	[ʒartasqa ørmelewʃı]
trotseren (berg ~)	бағындыру	[baɣındırw]
beklimming (de)	шыңына шығу	[ʃıŋına ʃıɣw]

80. Bergen namen

Alpen (de)	Альпілер	[aʌpɪler]
Mont Blanc (de)	Монблан	[mɔnblan]
Pyreneeën (de)	Пиренейлер	[pɪrenejler]
Karpaten (de)	Карпаттар	[karpatar]
Oeralgebergte (het)	Орал таулары	[ɔral tawlarɪ]
Kaukasus (de)	Кавказ	[kavkaz]
Elbroes (de)	Эльбрус	[eʌbrws]
Altaj (de)	Алтай	[altaj]
Tiensjan (de)	Тянь-Шань	[tʲaɲ ʃaɲ]
Pamir (de)	Памир	[pamɪr]
Himalaya (de)	Гималаи	[gɪmalaɪ]
Everest (de)	Эверест	[ewerest]
Andes (de)	Аңдылар	[aɲdɪlar]
Kilimanjaro (de)	Килиманджаро	[kɪlɪmandʒarɔ]

81. Rivieren

rivier (de)	өзен	[øzen]
bron (~ van een rivier)	бұлақ	[bʊlaq]
rivierbedding (de)	арна	[arna]
rivierbekken (het)	бассейн	[bassejn]
uitmonden in …	ағып құйылу	[aɣɪp qujɪlw]
zijrivier (de)	тармақ	[tarmaq]
oever (de)	жаға	[ʒaɣa]
stroming (de)	ағын	[aɣɪn]
stroomafwaarts (bw)	ағыстың ыңғайымен	[aɣɪstɪŋ ɪŋɣajɪmen]
stroomopwaarts (bw)	өрге қарай	[ørge qaraj]
overstroming (de)	тасқын	[tasqɪn]
overstroming (de)	аспа	[aspa]
buiten zijn oevers treden	су тасу	[sw tasw]
overstromen (ww)	су басу	[sw basw]
zandbank (de)	қайыр	[qajɪr]
stroomversnelling (de)	табалдырық	[tabaldɪrɪq]
dam (de)	тоған	[tɔɣan]
kanaal (het)	канал	[kanal]
spaarbekken (het)	су қоймасы	[sw qɔjmasɪ]
sluis (de)	шлюз	[ʃlyz]
waterlichaam (het)	суайдын	[swajdɪn]
moeras (het)	батпақ	[batpaq]
broek (het)	тартпа	[tartpa]
draaikolk (de)	иірім	[iːrɪm]
stroom (de)	жылға	[ʒɪlɣa]

| drink- (abn) | ішетін | [ıʃætın] |
| zoet (~ water) | тұзсыз | [tuzsız] |

| IJs (het) | мұз | [muz] |
| bevriezen (rivier, enz.) | мұз боп қату | [muz bɔp qatw] |

82. Namen van rivieren

| Seine (de) | Сена | [sena] |
| Loire (de) | Луара | [lwara] |

Theems (de)	Темза	[temza]
Rijn (de)	Рейн	[rejn]
Donau (de)	Дунай	[dwnaj]

Wolga (de)	Волга	[vɔlga]
Don (de)	Дон	[dɔn]
Lena (de)	Лена	[lena]

Gele Rivier (de)	Хуанхэ	[hwanhɛ]
Blauwe Rivier (de)	Янцзы	[jantszı]
Mekong (de)	Меконг	[mekɔŋ]
Ganges (de)	Ганг	[gaŋ]

Nijl (de)	Нил	[nıl]
Kongo (de)	Конго	[kɔŋɔ]
Okavango (de)	Окаванго	[ɔkavaŋɔ]
Zambezi (de)	Замбези	[zambezı]
Limpopo (de)	Лимпопо	[lımpɔpɔ]
Mississippi (de)	Миссисипи	[mıssısıpı]

83. Bos

| bos (het) | орман | [ɔrman] |
| bos- (abn) | орман | [ɔrman] |

oerwoud (dicht bos)	бытқыл	[bıtqıl]
bosje (klein bos)	тоғай	[tɔɣaj]
open plek (de)	алаңқай	[alaŋqaj]

| struikgewas (het) | ну өсімдік | [nw øsımdık] |
| struiken (mv.) | бұта | [buta] |

| paadje (het) | соқпақ | [sɔqpaq] |
| ravijn (het) | жыра | [ʒıra] |

boom (de)	ағаш	[aɣ'aʃ]
blad (het)	жапырақ	[ʒapıraq]
gebladerte (het)	жапырақ	[ʒapıraq]

| vallende bladeren (mv.) | жапырақтың құрап түсуі | [ʒapıraqtıŋ qwrap tyswı] |
| vallen (ov. de bladeren) | қазылу | [qazılw] |

boomtop (de)	ағаштың жоғарғы ұшы	[aɣaʃtɯŋ ʒoɣarɣɯ uʃɯ]
tak (de)	бұтақ	[butaq]
ent (de)	бұтақ	[butaq]
knop (de)	бүршік	[byrʃɪk]
naald (de)	ине	[ɪne]
dennenappel (de)	бүршік	[byrʃɪk]
boom holte (de)	қуыс	[qwɯs]
nest (het)	ұя	[uja]
hol (het)	ін	[ɪn]
stam (de)	дің	[dɯŋ]
wortel (bijv. boom~s)	тамыр	[tamɯr]
schors (de)	қабық	[qabɯq]
mos (het)	мүк	[myk]
ontwortelen (een boom)	қопару	[qoparw]
kappen (een boom ~)	шабу	[ʃabw]
ontbossen (ww)	шабу	[ʃabw]
stronk (de)	томар	[tɔmar]
kampvuur (het)	алау	[alaw]
bosbrand (de)	өрт	[ørt]
blussen (ww)	өшіру	[øʃɪrw]
boswachter (de)	орманшы	[ɔrmanʃɯ]
bescherming (de)	күзет	[kyzet]
beschermen (bijv. de natuur ~)	күзету	[kyzetw]
stroper (de)	браконьер	[brakɔnjer]
val (de)	қақпан	[qaqpan]
plukken (vruchten, enz.)	жинау	[ʒɯnaw]
verdwalen (de weg kwijt zijn)	адасып кету	[adasɯp ketw]

84. Natuurlijke hulpbronnen

natuurlijke rijkdommen (mv.)	табиғи қорлар	[tabɯɣɯ qorlar]
delfstoffen (mv.)	пайдалы қазбалар	[pajdalɯ qazbalar]
lagen (mv.)	кен	[ken]
veld (bijv. olie~)	кен орны	[ken ɔrnɯ]
winnen (uit erts ~)	кен шығару	[ken ʃɯɣarw]
winning (de)	шығару	[ʃɯɣarw]
erts (het)	кен	[ken]
mijn (bijv. kolenmijn)	кеніш	[kenɯʃ]
mijnschacht (de)	шахта	[ʃahta]
mijnwerker (de)	көмірші	[kømɯrʃɯ]
gas (het)	газ	[gaz]
gasleiding (de)	газ құбыры	[gaz qubɯrɯ]
olie (aardolie)	мұнай	[munaj]
olieleiding (de)	мұнай құбыры	[munaj qubɯrɯ]

oliebron (de)	мұнай мұнарасы	[mʊnaj mʊnarasɪ]
boortoren (de)	бұрғылау мұнарасы	[bʊrɣɪlaw mʊnarasɪ]
tanker (de)	танкер	[taŋker]
zand (het)	құм	[qʊm]
kalksteen (de)	әк тас	[æk tas]
grind (het)	қиыршақ тас	[qɪːrʃaq tas]
veen (het)	торф	[tɔrf]
klei (de)	балшық	[balʃɪq]
steenkool (de)	көмір	[kømɪr]
IJzer (het)	темір	[temɪr]
goud (het)	алтын	[altɪn]
zilver (het)	күміс	[kymɪs]
nikkel (het)	никель	[nɪkeʎ]
koper (het)	мыс	[mɪs]
zink (het)	мырыш	[mɪrɪʃ]
mangaan (het)	марганец	[marganeʦ]
kwik (het)	сынап	[sɪnap]
lood (het)	қорғасын	[qɔrɣasɪn]
mineraal (het)	минерал	[mɪneral]
kristal (het)	кристалл	[krɪstall]
marmer (het)	мәрмәр	[mærmar]
uraan (het)	уран	[wran]

85. Weer

weer (het)	ауа райы	[awa rajɪ]
weersvoorspelling (de)	ауа райы болжамы	[awa rajɪ bɔʤamɪ]
temperatuur (de)	температура	[temperatwra]
thermometer (de)	термометр	[termɔmetr]
barometer (de)	барометр	[barɔmetr]
vochtigheid (de)	ылғалдық	[ɪlɣaldɪq]
hitte (de)	ыстық	[ɪstɪq]
heet (bn)	ыстық	[ɪstɪq]
het is heet	ыстық	[ɪstɪq]
het is warm	жылы	[ʒɪlɪ]
warm (bn)	жылы	[ʒɪlɪ]
het is koud	суық	[swɪq]
koud (bn)	суық	[swɪq]
zon (de)	күн	[kyn]
schijnen (de zon)	жарық түсіру	[ʒarɪq tysɪrw]
zonnig (~e dag)	күн	[kyn]
opgaan (ov. de zon)	көтерілу	[køterɪlʊ]
ondergaan (ww)	отыру	[ɔtɪrw]
wolk (de)	бұлт	[bʊlt]
bewolkt (bn)	бұлтты	[bʊlttɪ]

| regenwolk (de) | қара бұлт | [qara bult] |
| somber (bn) | бұлыңғыр | [buliŋɣir] |

regen (de)	жаңбыр	[ʒaŋbir]
het regent	жаңбыр жауып тұр	[ʒaŋbir ʒawip tur]
regenachtig (bn)	жауын-шашынды	[ʒawin ʃaʃindi]
motregenen (ww)	сіркіреу	[sirkirew]

plensbui (de)	қара жаңбыр	[qara ʒaŋbir]
stortbui (de)	нөсер	[nøser]
hard (bn)	екпінді	[ekpindi]
plas (de)	шалшық	[ʃalʃiq]
nat worden (ww)	су өту	[sw øtw]

mist (de)	тұман	[tuman]
mistig (bn)	тұманды	[tumandi]
sneeuw (de)	қар	[qar]
het sneeuwt	қар жауып тұр	[qar ʒawip tur]

86. Zwaar weer. Natuurrampen

noodweer (storm)	найзағай	[najzaɣaj]
bliksem (de)	найзағай	[najzaɣaj]
flitsen (ww)	жарқырау	[ʒarqiraw]

donder (de)	күн күркіреу	[kyn kyrkirew]
donderen (ww)	дүрілдеу	[dyrildew]
het dondert	күн күркірейді	[kyn kyrkirejdi]

| hagel (de) | бұршақ | [burʃaq] |
| het hagelt | бұршақ жауып тұр | [burʃaq ʒawip tur] |

| overstromen (ww) | су басу | [sw basw] |
| overstroming (de) | сел жүру | [sel ʒyrw] |

aardbeving (de)	жер сілкіну	[ʒer silkinw]
aardschok (de)	түрткі	[tyrtki]
epicentrum (het)	эпицентр	[ɛpitsentr]

| uitbarsting (de) | атылуы | [atilwi] |
| lava (de) | лава | [lava] |

wervelwind (de)	құйын	[qujin]
windhoos (de)	торнадо	[tornadɔ]
tyfoon (de)	тайфун	[tajfwn]

orkaan (de)	дауыл	[dawil]
storm (de)	дауыл	[dawil]
tsunami (de)	цунами	[tswnami]

cycloon (de)	циклон	[tsiklɔn]
onweer (het)	бұлыңғыр	[buliŋɣir]
brand (de)	өрт	[ørt]
ramp (de)	апат	[apat]

meteoriet (de)	**метеорит**	[meteɔrɪt]
lawine (de)	**көшкін**	[køʃkɪn]
sneeuwverschuiving (de)	**опырылу**	[ɔpɪrɪlw]
sneeuwjacht (de)	**боран**	[bɔran]
sneeuwstorm (de)	**боран**	[bɔran]

FAUNA

87. Zoogdieren. Roofdieren

roofdier (het)	жыртқыш	[ʒırtqıʃ]
tijger (de)	жолбарыс	[ʒɔlbarıs]
leeuw (de)	арыстан	[arıstan]
wolf (de)	қасқыр	[qaskır]
vos (de)	түлкі	[tylkı]
jaguar (de)	ягуар	[jagwar]
luipaard (de)	леопард	[leɔpard]
jachtluipaard (de)	гепард	[gepard]
panter (de)	бабыр	[babır]
poema (de)	пума	[pwma]
sneeuwluipaard (de)	ілбіс	[ılbıs]
lynx (de)	сілеусін	[sılewsın]
coyote (de)	койот	[kɔjot]
jakhals (de)	шиебөрі	[ʃiebørı]
hyena (de)	гиена	[giena]

88. Wilde dieren

dier (het)	айуан	[ajwan]
beest (het)	аң	[aŋ]
eekhoorn (de)	тиін	[tiːn]
egel (de)	кірпі	[kırpı]
haas (de)	қоян	[qɔjan]
konijn (het)	үй қояны	[juj qɔjanı]
das (de)	борсық	[bɔrsıq]
wasbeer (de)	жанат	[ʒanat]
hamster (de)	алақоржын	[alaqɔrʒın]
marmot (de)	суыр	[swır]
mol (de)	көртышқан	[kørtıʃqan]
muis (de)	қаптесер	[qapteser]
rat (de)	егеуқүйрық	[egewqujrıq]
vleermuis (de)	жарғанат	[ʒarɣanat]
hermelijn (de)	аққіс	[aqıs]
sabeldier (het)	бұлғын	[bulɣın]
marter (de)	кәмшат	[kæmʃat]
wezel (de)	аққалақ	[aqalaq]
nerts (de)	норка	[nɔrka]

| bever (de) | құндыз | [qundız] |
| otter (de) | қамшат | [qamʃat] |

paard (het)	ат	[at]
eland (de)	бұлан	[bulan]
hert (het)	бұғы	[buɣı]
kameel (de)	түйе	[tyje]

bizon (de)	бизон	[bızɔn]
oeros (de)	зубр	[zwbr]
buffel (de)	буйвол	[bwjvɔl]

zebra (de)	зебра	[zebra]
antilope (de)	антилопа	[antilɔpa]
ree (de)	елік	[elık]
damhert (het)	кербұғы	[kerbuɣı]
gems (de)	серна	[serna]
everzwijn (het)	қабан	[qaban]

walvis (de)	кит	[kıt]
rob (de)	итбалық	[ıtbalıq]
walrus (de)	морж	[mɔrʒ]
zeehond (de)	теңіз мысық	[teŋız mısıq]
dolfijn (de)	дельфин	[deʎfın]

beer (de)	аю	[aju]
IJsbeer (de)	ақ аю	[aq aju]
panda (de)	панда	[panda]

aap (de)	маймыл	[majmıl]
chimpansee (de)	шимпанзе	[ʃımpanze]
orang-oetan (de)	орангутанг	[ɔraŋwtaŋ]
gorilla (de)	горилла	[gɔrılla]
makaak (de)	макака	[makaka]
gibbon (de)	гиббон	[gıbbɔn]

olifant (de)	піл	[pıl]
neushoorn (de)	мүйізтұмсық	[myjıztumsıq]
giraffe (de)	керік	[kerık]
nijlpaard (het)	бегемот	[begemɔt]

| kangoeroe (de) | кенгуру | [keŋwrw] |
| koala (de) | коала | [kɔala] |

mangoest (de)	мангуст	[maŋwst]
chinchilla (de)	шиншилла	[ʃınʃılla]
stinkdier (het)	скунс	[skwns]
stekelvarken (het)	жайра	[ʒajra]

89. Huisdieren

poes (de)	мысық	[mısıq]
kater (de)	мысық	[mısıq]
hond (de)	ит	[ıt]

paard (het)	ат	[at]
hengst (de)	айғыр	[ajɣɪr]
merrie (de)	бие	[bɪe]

koe (de)	сиыр	[sɪːr]
stier (de)	бұқа	[bʊqa]
os (de)	өгіз	[øgɪz]

schaap (het)	қой	[qɔj]
ram (de)	қошқар	[qɔʃqar]
geit (de)	ешкі	[eʃkɪ]
bok (de)	теке	[teke]

| ezel (de) | есек | [esek] |
| muilezel (de) | қашыр | [qaʃɪr] |

varken (het)	шошқа	[ʃɔʃqa]
biggetje (het)	торай	[tɔraj]
konijn (het)	үй қояны	[juj qɔjanɪ]

| kip (de) | тауық | [tawɪq] |
| haan (de) | әтеш | [æteʃ] |

eend (de)	үйрек	[jujrek]
woerd (de)	кежек	[keʒek]
gans (de)	қаз	[qaz]

| kalkoen haan (de) | күркетауық | [kyrqetawɪq] |
| kalkoen (de) | күркетауық | [kyrqetawɪq] |

huisdieren (mv.)	үй жануарлары	[juj ʒanwarlarɪ]
tam (bijv. hamster)	қол	[qɔl]
temmen (tam maken)	қолға үйрету	[qɔlɣa jujretw]
fokken (bijv. paarden ~)	өсіру	[øsɪrw]

boerderij (de)	ферма	[ferma]
gevogelte (het)	үй құсы	[ʊj qʊsɪ]
rundvee (het)	мал	[mal]
kudde (de)	табын	[tabɪn]

paardenstal (de)	ат қора	[at qɔra]
zwijnenstal (de)	шошқа қора	[ʃɔʃqa qɔra]
koeienstal (de)	сиыр қора	[sɪːr qɔra]
konijnenhok (het)	үй қояны күркесі	[juj qɔjanɪ kyrqesɪ]
kippenhok (het)	тауық қора	[tawɪq qɔra]

90. Vogels

vogel (de)	құс	[qʊs]
duif (de)	көгершін	[køgerʃɪn]
mus (de)	торғай	[tɔrɣaj]
koolmees (de)	сары шымшық	[sarɪ ʃɪmʃɪq]
ekster (de)	сауысқан	[sawɪsqan]
raaf (de)	құзғын	[qʊzɣɪn]

kraai (de)	қарға	[qarɣa]
kauw (de)	шауқарға	[ʃawqarɣa]
roek (de)	ұзақ	[ʊzaq]
eend (de)	үйрек	[ujrek]
gans (de)	қаз	[qaz]
fazant (de)	қырғауыл	[qɪrɣawɪl]
arend (de)	бүркіт	[byrkɪt]
havik (de)	қаршыға	[qarʃɪɣa]
valk (de)	қыран	[qɪran]
gier (de)	күшіген	[kyʃigen]
condor (de)	кондор	[kɔndɔr]
zwaan (de)	аққу	[aqw]
kraanvogel (de)	тырна	[tɪrna]
ooievaar (de)	ләйлек	[læjlek]
papegaai (de)	тоты құс	[tɔtɪ qus]
kolibrie (de)	колибри	[kɔlɪbrɪ]
pauw (de)	тауыс	[tawɪs]
struisvogel (de)	түйеқұс	[tyjequs]
reiger (de)	аққұтан	[aqʊtan]
flamingo (de)	қоқиқаз	[qɔqɪqaz]
pelikaan (de)	бірқазан	[bɪrqazan]
nachtegaal (de)	бұлбұл	[bʊlbʊl]
zwaluw (de)	қарлығаш	[qarlɪɣaʃ]
lijster (de)	барылдақ торғай	[barɪldaq tɔrɣaj]
zanglijster (de)	әнші шымшық	[ænʃɪ ʃɪmʃɪq]
merel (de)	қара барылдақ торғай	[qara barɪldaq tɔrɣaj]
gierzwaluw (de)	стриж	[strɪʒ]
leeuwerik (de)	бозторғай	[bɔztɔrɣaj]
kwartel (de)	бөдене	[bødene]
koekoek (de)	көкек	[køkek]
uil (de)	жапалақ	[ʒapalaq]
oehoe (de)	үкі	[jukɪ]
auerhoen (het)	саңырау құр	[saŋɪraw qʊr]
korhoen (het)	бұлдырық	[bʊldɪrɪq]
patrijs (de)	құр	[qʊr]
spreeuw (de)	қараторғай	[qaratɔrɣaj]
kanarie (de)	шымшық	[ʃɪmʃɪq]
hazelhoen (het)	қарабауыр	[qarabawɪr]
vink (de)	қызыл	[qɪzɪl]
goudvink (de)	бозшымшық	[bɔzʃɪmʃɪq]
meeuw (de)	шағала	[ʃaɣala]
albatros (de)	альбатрос	[aʎbatrɔs]
pinguïn (de)	пингвин	[pɪŋwɪn]

91. Vis. Zeedieren

brasem (de)	ақтабан	[aqtaban]
karper (de)	тұқы	[tuqı]
baars (de)	алабұға	[alabuɣa]
meerval (de)	жайын	[ʒajın]
snoek (de)	шортан	[ʃortan]
zalm (de)	лосось	[lososʲ]
steur (de)	бекіре	[bekıre]
haring (de)	майшабақ	[majʃabaq]
atlantische zalm (de)	ақсерке	[aqserqe]
makreel (de)	скумбрия	[skwmbrıja]
platvis (de)	камбала	[kambala]
snoekbaars (de)	Көксерке	[køkserke]
kabeljauw (de)	треска	[treska]
tonijn (de)	тунец	[twnets]
forel (de)	бахтах	[bahtah]
paling (de)	жыланбалық	[ʒılanbalıq]
sidderrog (de)	электр құламасы	[ɛlektr qulaması]
murene (de)	мурена	[mwrena]
piranha (de)	пиранья	[pıraɲja]
haai (de)	акула	[akwla]
dolfijn (de)	дельфин	[deʎfın]
walvis (de)	кит	[kıt]
krab (de)	теңіз шаяны	[teŋız ʃajanı]
kwal (de)	медуза	[medwza]
octopus (de)	сегізаяқ	[segızajaq]
zeester (de)	теңіз жұлдызы	[teŋız ʒuldızı]
zee-egel (de)	теңіз кірпісі	[teŋız kırpısı]
zeepaardje (het)	теңіздегі мысықтың баласы	[teŋgızdegı mısıqtıŋ balası]
oester (de)	устрица	[wstrıtsa]
garnaal (de)	асшаян	[asʃajan]
kreeft (de)	омар	[omar]
langoest (de)	лангуст	[laŋwst]

92. Amfibieën. Reptielen

slang (de)	жылан	[ʒılan]
giftig (slang)	улы	[wlı]
adder (de)	улы сұр жылан	[wlı sur ʒılan]
cobra (de)	әбжылан	[æbʒılan]
python (de)	питон	[pıton]
boa (de)	айдаһар	[ajdahar]

ringslang (de)	сұжылан	[swʒɪlɑn]
ratelslang (de)	ысылдағыш улы жылан	[ɪsɪldɑɣɪʃ wlɪ ʒɪlɑn]
anaconda (de)	анаконда	[ɑnɑkɔndɑ]
hagedis (de)	кесіртке	[kesɪrtke]
leguaan (de)	игуана	[ɪgwɑnɑ]
varaan (de)	келес	[keles]
salamander (de)	саламандра	[sɑlɑmɑndrɑ]
kameleon (de)	хамелеон	[hɑmeleɔn]
schorpioen (de)	құршаян	[qʊrʃɑjɑn]
schildpad (de)	тасбақа	[tɑsbɑqɑ]
kikker (de)	бақа	[bɑqɑ]
pad (de)	құрбақа	[qʊrbɑqɑ]
krokodil (de)	қолтырауын	[qɔltɪrɑwɪn]

93. Insecten

insect (het)	бунақдене	[bwnɑqdene]
vlinder (de)	көбелек	[købelek]
mier (de)	құмырсқа	[qʊmɪrsqɑ]
vlieg (de)	шыбын	[ʃɪbɪn]
mug (de)	маса	[mɑsɑ]
kever (de)	қоңыз	[qɔŋɪz]
wesp (de)	ара	[ɑrɑ]
bij (de)	балара	[bɑlɑrɑ]
hommel (de)	ара	[ɑrɑ]
horzel (de)	бөгелек	[bøgelek]
spin (de)	өрмекші	[ørmekʃɪ]
spinnenweb (het)	өрмекшінің торы	[ørmekʃɪnɪŋ tɔrɪ]
libel (de)	инелік	[ɪnelɪk]
sprinkhaan (de)	шегіртке	[ʃægɪrtke]
nachtvlinder (de)	көбелек	[købelek]
kakkerlak (de)	тарақан	[tɑrɑqɑn]
mijt (de)	кене	[kene]
vlo (de)	бүрге	[byrge]
kriebelmug (de)	шіркей	[ʃɪrkej]
treksprinkhaan (de)	шегіртке	[ʃægɪrtke]
slak (de)	ұлу	[ʊlw]
krekel (de)	шырылдауық	[ʃɪrɪldɑwɪq]
glimworm (de)	жылтырауық	[ʒɪltɪrɑwɪq]
lieveheersbeestje (het)	қызыл қоңыз	[qɪzɪl qɔŋɪz]
meikever (de)	зауза қоңыз	[zɑwzɑ qɔŋɪz]
bloedzuiger (de)	сүлік	[sylɪk]
rups (de)	қырықбуын	[qɪrɪqbwɪn]
aardworm (de)	құрт	[qʊrt]
larve (de)	құрт	[qʊrt]

FLORA

94. Bomen

boom (de)	ағаш	[aɣ'aʃ]
loof- (abn)	жапырақты	[ʒapıraqtı]
dennen- (abn)	қылқанды	[qılqandı]
groenblijvend (bn)	мәңгі жасыл	[mæŋgı ʒasıl]
appelboom (de)	алма ағашы	[alma aɣaʃı]
perenboom (de)	алмұрт	[almʊrt]
zoete kers (de)	қызыл шие ағашы	[qızıl ʃie aɣaʃı]
zure kers (de)	кәдімгі шие ағашы	[kadımgı ʃie aɣaʃı]
pruimelaar (de)	қара өрік	[qara ørık]
berk (de)	қайың	[qajıŋ]
eik (de)	емен	[emen]
linde (de)	жөке	[ʒøke]
esp (de)	көктерек	[kɔkterek]
esdoorn (de)	үйеңкі	[jujeŋkı]
spar (de)	шырша	[ʃırʃa]
den (de)	қарағай	[qaraɣaj]
lariks (de)	бал қарағай	[bal qaraɣaj]
zilverspar (de)	самырсын	[samırsın]
ceder (de)	балқарағай	[balqaraɣaj]
populier (de)	терек	[terek]
lijsterbes (de)	шетен	[ʃæten]
wilg (de)	үйеңкі	[jujeŋkı]
els (de)	қандағаш	[qandaɣaʃ]
beuk (de)	шамшат	[ʃamʃat]
iep (de)	шегіршін	[ʃægırʃın]
es (de)	шетен	[ʃæten]
kastanje (de)	талшын	[talʃın]
magnolia (de)	магнолия	[magnɔlija]
palm (de)	пальма	[paʎma]
cipres (de)	сауырағаш	[sawıraɣaʃ]
mangrove (de)	мангр ағашы	[maŋr aɣaʃı]
baobab (apenbroodboom)	баобаб	[baobab]
eucalyptus (de)	эвкалипт	[ɛvkalıpt]
mammoetboom (de)	секвойя	[sekvɔja]

95. Heesters

struik (de)	бұта	[bʊta]
heester (de)	бұта	[bʊta]

wijnstok (de)	жүзім	[ʒyzım]
wijngaard (de)	жүзім егісі	[ʒyzım egısı]
frambozenstruik (de)	таңқурай	[taŋqwraj]
rode bessenstruik (de)	қызыл қарақат	[qızıl qaraqat]
kruisbessenstruik (de)	тұшала	[tuʃala]
acacia (de)	қараған	[qaraɣan]
zuurbes (de)	зерек	[zerek]
jasmijn (de)	ақгүл	[aqgyl]
jeneverbes (de)	арша	[arʃa]
rozenstruik (de)	қызғылт бұта	[qızɣılt buta]
hondsroos (de)	итмұрын	[ıtmurın]

96. Vruchten. Bessen

vrucht (de)	жеміс	[ʒemıs]
vruchten (mv.)	жемістер	[ʒemıster]
appel (de)	алма	[alma]
peer (de)	алмұрт	[almurt]
pruim (de)	қара өрік	[qara ørık]
aardbei (de)	бүлдірген	[byldırgen]
zure kers (de)	кәдімгі шие	[kadımgı ʃie]
zoete kers (de)	қызыл шие	[qızıl ʃie]
druif (de)	жүзім	[ʒyzım]
framboos (de)	таңқурай	[taŋqwraj]
zwarte bes (de)	қарақат	[qaraqat]
rode bes (de)	қызыл қарақат	[qızıl qaraqat]
kruisbes (de)	тұшала	[tuʃala]
veenbes (de)	мүк жидегі	[myk ʒıdegı]
sinaasappel (de)	апельсин	[apeʌsın]
mandarijn (de)	мандарин	[mandarın]
ananas (de)	ананас	[ananas]
banaan (de)	банан	[banan]
dadel (de)	құрма	[qurma]
citroen (de)	лимон	[lımɔn]
abrikoos (de)	өрік	[ørık]
perzik (de)	шабдалы	[ʃabdalı]
kiwi (de)	киви	[kıwı]
grapefruit (de)	грейпфрут	[grejpfrwt]
bes (de)	жидек	[ʒıdek]
bessen (mv.)	жидектер	[ʒıdekter]
vossenbes (de)	итбүлдірген	[ıtbyldırgen]
bosaardbei (de)	қой бүлдірген	[qoj byldırgen]
bosbes (de)	қара жидек	[qara ʒıdek]

97. Bloemen. Planten

bloem (de)	гүл	[gyl]
boeket (het)	гүл шоғы	[gyl ʃɔɣɪ]
roos (de)	раушан	[rawʃan]
tulp (de)	қызғалдақ	[qɪzɣaldaq]
anjer (de)	қалампыр	[qalampɪr]
gladiool (de)	гладиолус	[gladɪɔlws]
korenbloem (de)	гүлкекіре	[gylkekɪre]
klokje (het)	қоңырау	[qɔŋɪraw]
paardenbloem (de)	бақбақ	[baqbaq]
kamille (de)	түйметағы	[tyjmetaɣɪ]
aloë (de)	алоэ	[alɔɛ]
cactus (de)	кактус	[kaktws]
ficus (de)	фикус	[fɪkws]
lelie (de)	лалагүл	[lalagyl]
geranium (de)	герань	[geraɲ]
hyacint (de)	сүмбілгүл	[symbɪlgyl]
mimosa (de)	мимоза	[mɪmɔza]
narcis (de)	нарцисс	[nartsɪss]
Oostindische kers (de)	настурция	[nastwrtsɪja]
orchidee (de)	орхидея	[ɔrhɪdeja]
pioenroos (de)	пион	[pɪɔn]
viooltje (het)	шегіргүл	[ʃægɪrgyl]
driekleurig viooltje (het)	сарғалдақтар	[sarɣaldaqtar]
vergeet-mij-nietje (het)	ботакөз	[botakøz]
madeliefje (het)	әсел	[æseʎ]
papaver (de)	көкнәр	[køknær]
hennep (de)	сора	[sɔra]
munt (de)	жалбыз	[ʒalbɪz]
lelietje-van-dalen (het)	меруертгүл	[merwertgyl]
sneeuwklokje (het)	бәйшешек	[bæjʃæʃæk]
brandnetel (de)	қалақай	[qalaqaj]
veldzuring (de)	қымыздық	[qɪmɪzdɪq]
waterlelie (de)	құмыра гүл	[qumɪra gyl]
varen (de)	қырыққұлақ	[qɪrɪqulaq]
korstmos (het)	қына	[qɪna]
oranjerie (de)	жылыжай	[ʒɪlɪʒaj]
gazon (het)	көгал	[køgal]
bloemperk (het)	гүлбағы	[gyʎbahɣɪ]
plant (de)	өсімдік	[øsɪmdɪk]
gras (het)	шөп	[ʃøp]
graspriet (de)	бір тал шөп	[bɪr tal ʃøp]

blad (het)	**жапырақ**	[ʒɑpɪrɑq]
bloemblad (het)	**күлте**	[kyʎte]
stengel (de)	**сабақ**	[sɑbɑq]
knol (de)	**түйнек**	[tyjnek]
scheut (de)	**өскін**	[øskɪn]
doorn (de)	**тікенек**	[tɪkenek]
bloeien (ww)	**гүлдеу**	[gyldew]
verwelken (ww)	**сарғаю**	[sɑrɣɑju]
geur (de)	**иіс**	[ɪːs]
snijden (bijv. bloemen ~)	**кесу**	[kesw]
plukken (bloemen ~)	**үзу**	[juzw]

98. Granen, graankorrels

graan (het)	**дән**	[dæn]
graangewassen (mv.)	**астық дақыл өсімдіктері**	[ɑstɪq dɑqɪl øsɪmdɪkterɪ]
aar (de)	**масақ**	[mɑsɑq]
tarwe (de)	**бидай**	[bɪdɑj]
rogge (de)	**қара бидай**	[qɑrɑ bɪdɑj]
haver (de)	**сұлы**	[sʊlɪ]
gierst (de)	**тары**	[tɑrɪ]
gerst (de)	**арпа**	[ɑrpɑ]
maïs (de)	**жүгері**	[ʒygerɪ]
rijst (de)	**күріш**	[kyrɪʃ]
boekweit (de)	**қарақұмық**	[qɑrɑqʊmɪq]
erwt (de)	**бұршақ**	[bʊrʃɑq]
boon (de)	**бұршақ**	[bʊrʃɑq]
soja (de)	**соя**	[sɔjɑ]
linze (de)	**жасымық**	[ʒɑsɪmɪq]
bonen (mv.)	**ірі бұршақтар**	[ɪrɪ bʊrʃɑqtɑr]

LANDEN VAN DE WERELD

99. Landen. Deel 1

Afghanistan (het)	Ауғаныстан	[awɣanıstan]
Albanië (het)	Албания	[albanıja]
Argentinië (het)	Аргентина	[argentına]
Armenië (het)	Әрменстан	[armenstan]
Australië (het)	Австралия	[awstralıja]
Azerbeidzjan (het)	Әзірбайжан	[azırbajʒan]
Bahama's (mv.)	Багам аралдары	[bagam araldarı]
Bangladesh (het)	Бангладеш	[baŋladeʃ]
België (het)	Бельгия	[beʎgıja]
Bolivia (het)	Боливия	[bɔlıwıja]
Bosnië en Herzegovina (het)	Босния мен Герцеговина	[bɔsnıja men gertsegɔwına]
Brazilië (het)	Бразилия	[brazılıja]
Bulgarije (het)	Болгария	[bɔlgarıja]
Cambodja (het)	Камбоджа	[kambɔdʒa]
Canada (het)	Канада	[kanada]
Chili (het)	Чили	[tʃılı]
China (het)	Қытай	[qıtaj]
Colombia (het)	Колумбия	[kɔlwmbıja]
Cuba (het)	Куба	[kwba]
Cyprus (het)	Кипр	[kıpr]
Denemarken (het)	Дания	[danıja]
Dominicaanse Republiek (de)	Доминикан республикасы	[dɔmınıkan respwblıkası]
Duitsland (het)	Германия	[germanıja]
Ecuador (het)	Эквадор	[ɛkvadɔr]
Egypte (het)	Мысыр	[mısır]
Engeland (het)	Англия	[aŋlıja]
Estland (het)	Эстония	[ɛstɔnıja]
Finland (het)	Финляндия	[fınʎandıja]
Frankrijk (het)	Франция	[frantsıja]
Frans-Polynesië	Франция Полинезиясы	[frantsıja pɔlınezıjası]
Georgië (het)	Гүржістан	[gyrʒıstan]
Ghana (het)	Гана	[gana]
Griekenland (het)	Греция	[grekıja]
Groot-Brittannië (het)	Ұлыбритания	[ʊlıbrıtanıja]
Haïti (het)	Гаити	[gaıtı]
Hongarije (het)	Мажарстан	[maʒarstan]
Ierland (het)	Ирландия	[ırlandıja]
IJsland (het)	Исландия	[ıslandıja]
India (het)	Үндістан	[jundıstan]
Indonesië (het)	Индонезия	[ındɔnezıja]

Irak (het)	Ирак	[ɪrak]
Iran (het)	Иран	[ɪran]
Israël (het)	Израиль	[ɪzraɪʎ]
Italië (het)	Италия	[ɪtalɪja]

100. Landen. Deel 2

Jamaica (het)	Ямайка	[jamajka]
Japan (het)	Жапония	[ʒapɔnɪja]
Jordanië (het)	Иордания	[ɪɔrdanɪja]
Kazakstan (het)	Қазақстан	[qazaqhstan]
Kenia (het)	Кения	[kenɪja]
Kirgizië (het)	Қырғызстан	[qɪrɣɪzstan]
Koeweit (het)	Кувейт	[kwwejt]

Kroatië (het)	Хорватия	[hɔrvatɪja]
Laos (het)	Лаос	[laɔs]
Letland (het)	Латвия	[latwɪja]
Libanon (het)	Ливан	[lɪvan]
Libië (het)	Ливия	[lɪwɪja]
Liechtenstein (het)	Лихтенштейн	[lɪhtenʃtejn]
Litouwen (het)	Литва	[lɪtva]

Luxemburg (het)	Люксембург	[lyksembwrg]
Macedonië (het)	Македония	[makedɔnɪja]
Madagaskar (het)	Мадагаскар	[madagaskar]
Maleisië (het)	Малайзия	[malajzɪja]
Malta (het)	Мальта	[maʎta]
Marokko (het)	Марокко	[marɔkkɔ]
Mexico (het)	Мексика	[meksɪka]

Moldavië (het)	Молдова	[mɔldɔva]
Monaco (het)	Монако	[mɔnakɔ]
Mongolië (het)	Монголия	[mɔnɣɔlɪja]
Montenegro (het)	Черногория	[ʧernɔgɔrɪja]
Myanmar (het)	Мьянма	[mjanma]
Namibië (het)	Намибия	[namɪbɪja]
Nederland (het)	Нидерланд	[nɪderland]

Nepal (het)	Непал	[nepal]
Nieuw-Zeeland (het)	Жаңа Зеландия	[ʒaŋa zelandɪja]
Noord-Korea (het)	Солтүстік Корея	[sɔltystɪk kɔreja]
Noorwegen (het)	Норвегия	[nɔrwegɪja]
Oekraïne (het)	Украина	[wkraɪna]
Oezbekistan (het)	Өзбекистан	[øzbekɪstan]
Oostenrijk (het)	Австрия	[avstrɪja]

101. Landen. Deel 3

Pakistan (het)	Пәкістан	[pakɪstan]
Palestijnse autonomie (de)	Палестина	[palestɪna]
Panama (het)	Панама	[panama]

Paraguay (het)	Парагвай	[paragvaj]
Peru (het)	Перу	[perw]
Polen (het)	Польша	[pɔʎʃa]
Portugal (het)	Португалия	[pɔrtwgalıja]
Roemenië (het)	Румыния	[rwmınıja]
Rusland (het)	Ресей	[resej]
Saoedi-Arabië (het)	Сауди Арабстан	[sawdı arabstan]
Schotland (het)	Шотландия	[ʃɔtlandıja]
Senegal (het)	Сенегал	[senegal]
Servië (het)	Сербия	[serbıja]
Slovenië (het)	Словения	[slɔwenıja]
Slowakije (het)	Словакия	[slɔvakıja]
Spanje (het)	Испания	[ıspanıja]
Suriname (het)	Суринам	[swrınam]
Syrië (het)	Сирия	[sırıja]
Tadzjikistan (het)	Тәжікстан	[taʒıkıstan]
Taiwan (het)	Тайвань	[tajvaɳ]
Tanzania (het)	Танзания	[tanzanıja]
Tasmanië (het)	Тасмания	[tasmanıja]
Thailand (het)	Таиланд	[taıland]
Tsjechië (het)	Чехия	[tʃehıja]
Tunesië (het)	Тунис	[twnıs]
Turkije (het)	Түркия	[tyrkıja]
Turkmenistan (het)	Түрікменстан	[tyrıkmenstan]
Uruguay (het)	Уругвай	[wrwgvaj]
Vaticaanstad (de)	Ватикан	[vatıkan]
Venezuela (het)	Венесуэла	[weneswɛla]
Verenigde Arabische Emiraten	Біріккен Араб Эмираттары	[bırıken arab ɛmıratarı]
Verenigde Staten van Amerika	Америка құрама штаттары	[amerıka qurama ʃtattarı]
Vietnam (het)	Вьетнам	[vjetnam]
Wit-Rusland (het)	Беларусь	[belarwsʲ]
Zanzibar (het)	Занзибар	[zanzıbar]
Zuid-Afrika (het)	ОАР	[ɔar]
Zuid-Korea (het)	Оңтүстік Корея	[ɔɳtystık kɔreja]
Zweden (het)	Швеция	[ʃwetsıja]
Zwitserland (het)	Швейцария	[ʃwejtsarıja]